Σ BEST
シグマベスト

高校入試
スーパーゼミ
英語

組田幸一郎・松井孝志　共著

文英堂

はじめに

● 4000件の入試問題から

　本書を作成するにあたり，公立高校および数十の国立・私立高校の過去の入試問題，約4000件をデータベース化しました。そのデータをもとに，どのような文法項目が入試問題で使われているかと調べました。入試問題とは，**出題者側からの「理解しておいてほしい文法事項」**でもあります。本書はその出題頻度に従って，文法の説明と問題が出題されています。他書に比べて，文法の並び方が不自然に思われるかもしれませんが，それはこのためです。

● 入試から見える英語の世界

　いちばん使われていた文法項目は，接続詞のandです。andを「～と…」と日本語だけを覚えている高校生も目立ちますが，このandをそんなに簡単に考えてはいけません。"red and yellow"（赤と黄色）のように**単語と単語を結んだり**，"I went home and James stayed at the office."（私は家に帰り，ジェイムズは職場に残った）のように**文と文とをつなげたり**と，つなげるものが多岐に及びます。"Roy and I went to Tokyo."（ロイと私は東京に行った）のように，**andがつなげているものが主語であったり**，I like soccer and baseball.（私はサッカーと野球が好きだ）のように**目的語であったりもします**。難しい英文になればなるほど，andが何と何とをつないでいるかを考える必要があるのです。そう考えると，入試においてandの出現率が高い理由が納得できないでしょうか。

● 英文法，英作文，そして長文問題

　当然のことですが，英語の試験は英語力を見るためにあります。そのポイントが，聴解力（リスニング力）だったり，単語力だったり，全体を把握する力だったりします。本書は，その中でも**文法力を基本におき**，それを通じて，**長文読解力を高めたり，英作文力のアップに取り組める**ようにしてあります。実際の入試問題を行うことで，実力を計ることができるようになっています。

● Next one is better one.

　喜劇王チャップリンが，「今までの作品でいちばんよかったものはなにか」と聞かれたときに答えた文だそうです。日本語にすれば，**「この次がいちばんだ」**という意味になります。

　人間はいつまでも成長する生き物です。今に満足してはいけないし，失望してもいけません。1週間後，1か月後，3か月後，1年後，10年後…と，いつまでも"Next one"を目指してほしいものです。英語の学習が，皆さんの成長に役に立てば，こんなにうれしいことはありません。

著者

もくじ

本書の構成と使い方……………………………………………… 5
本書で使われている文法用語と表記について………………… 8

第1章　英文法・語法 …………………………………… 9

1　接続詞①……………………………………… 10
2　接続詞②……………………………………… 12
3　接続詞③……………………………………… 14
　　確認問題1〈接続詞〉………………………… 16
4　助動詞①……………………………………… 18
5　助動詞②……………………………………… 20
6　助動詞③……………………………………… 22
　　確認問題2〈助動詞〉………………………… 24
7　関係代名詞①………………………………… 26
8　関係代名詞②………………………………… 28
　　確認問題3〈関係代名詞〉…………………… 30
9　疑問詞①……………………………………… 32
10　疑問詞②……………………………………… 34
　　確認問題4〈疑問詞〉………………………… 36
11　不定詞①……………………………………… 38
12　不定詞②……………………………………… 40
　　確認問題5〈不定詞〉………………………… 42
13　現在完了①…………………………………… 44
14　現在完了②…………………………………… 46
　　確認問題6〈現在完了〉……………………… 48
15　SVO（第3文型）…………………………… 50
16　SVOO（第4文型）………………………… 52
17　SVOC（第5文型）………………………… 54
　　確認問題7〈SVO, SVOO, SVOC〉……… 56
18　比較表現①…………………………………… 58
19　比較表現②…………………………………… 60
20　比較表現③…………………………………… 62
　　確認問題8〈比較表現〉……………………… 64
21　受け身（受動態）…………………………… 66
22　間接疑問……………………………………… 68
23　進行形………………………………………… 70
　　確認問題9〈受け身・間接疑問・進行形〉… 72
24　動名詞………………………………………… 74
25　分詞…………………………………………… 76
26　命令文………………………………………… 78
　　確認問題10〈動名詞・分詞・命令文〉……… 80
　　◆不規則動詞活用表………………………… 82

第2章　覚えておきたい構文・表現 ……………………… 83

1　覚えておきたい構文・表現①……………… 84
2　覚えておきたい構文・表現②……………… 86
3　覚えておきたい構文・表現③……………… 88
　　◆so ～ that ... , too ～ to ... ………… 90

第3章　長文問題にチャレンジ …………………………… 91

長文問題1……………………………………… 92
長文問題2……………………………………… 94
長文問題3……………………………………… 96
長文問題4……………………………………… 98
長文問題5……………………………………… 100
長文問題6……………………………………… 102
長文問題7……………………………………… 104
長文問題8……………………………………… 106
長文問題9……………………………………… 108
長文問題10…………………………………… 110

第4章　英作文問題にチャレンジ ………………………… 113

英作文問題1…………………………………… 114
英作文問題2…………………………………… 115
英作文問題3…………………………………… 116
英作文問題4…………………………………… 117
英作文問題5…………………………………… 118

別冊　解答・解説

本書の構成と使い方

本書の構成

　本書は，文法問題と構文・表現，長文の過去問題，英作文という4つの章から成り立っています。**文法問題**についての説明や内容については，下を参考にしてください。

　構文・表現では，文法問題に入りきらなかったものも含めて，覚えておくと長文読解や英作文で活用できるものを選びました。

　長文問題は，会話文形式を3題，文章形式を7題出題してあります。問題を解いて，答え合わせをするだけでなく，分からない部分は全訳を参考に，確認をしてください。

　英作文問題については，公立高校の典型的な問題から出題しています。これを通じて，英作文力の向上だけでなく，自分の書けない表現を確認し，弱点の克服をしてもらいたいと思います。

本書の使い方

● 本書の紙面について

　第1章「英文法・語法」及び第2章「覚えておきたい構文・表現」では，左ページにその項目の解説と例を載せています。右ページには問題を載せています。問題は主に**「選択問題」**，**「英文和訳問題」**，**「日本語付並べかえ問題」**，**「英作文問題」**で構成されています。左ページの解説をよく読んでから問題を解いてください。別冊「解答と解説」に各問題の解答と解説が載っています。「英文和訳問題」と「英作文問題」はいろんな解答が可能です。別冊の「解答例」を参考にしてください。

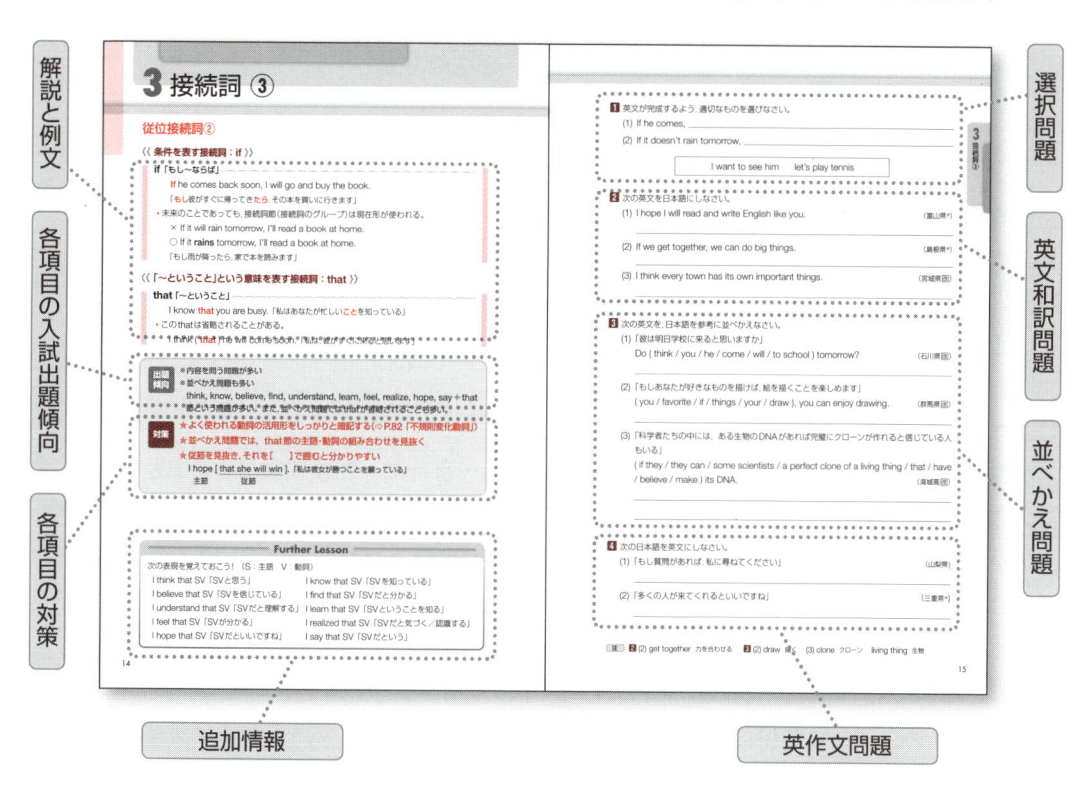

［解説と例文］［各項目の入試出題傾向］［各項目の対策］［追加情報］［選択問題］［英文和訳問題］［並べかえ問題］［英作文問題］

　第3章「長文問題にチャレンジ」と第4章「英作文問題にチャレンジ」は**問題のみ**を掲載しています。解答（例）と解説は別冊を参考にしてください。

《《第1章》》
● 問題について

　文法力を尋ねる問題として,「英文和訳」,「並べかえ」,「英作文」の3つが出題される傾向があります。そのため,本書の問題は,この3つの形式を中心にしています。

〈 英文和訳問題 〉

　国立・私立高校の入学試験には,本文に下線を引き,「日本語にしなさい」という問題を出す学校も多くあります。

　その一方で,都道府県の公立高校入試には,「英文和訳」はほとんど出題されませんが,「thisがさしているものを日本語で答えよ」「この理由を日本語で答えよ」というように,日本語にする部分を自分で見つけて,それを日本語にすることを求められる問題が多く出題されます。

　　例 （宮城県）

　　┌─────────────────────────────────────┐
　　│（ケニアからの留学生ダンカンが風呂敷の使い方について友人と話していて）│
　　│You can wrap or carry many kinds of things with it. You can put it in your │
　　│pocket and use it again and again. ③ I think it is very useful. │
　　│   │
　　│4. 下線部③のようにダンカンが考える理由を,本文の内容から具体的に日本語で書き │
　　│　 なさい。   │
　　└─────────────────────────────────────┘

　この問題は,日本語訳ではありませんが,③の前の2文を日本語にすることが求められています。本書の和訳問題は,このように日本語にすることを求められている部分を抜き出し,それを問題にしています。このように問題の変更を行ったものには,学校名の最後に*印をつけています。それ以外の変更を加えたものには 改 マークをつけています。

〈 並べかえ問題 〉

　実際の試験の中で,このタイプの問題は,文章の中の一部を並べかえ問題として出題したり,会話の中の一部を問題としていたりし,流れの中での解答を求められるために,参考とする日本語訳のない場合があります。その一方,並べかえが単独で出題されるときには,日本語訳が出される場合も目立ちます。本書では,統一性を持たせるために,全ての問題に日本語を書いてあります。本書で日本語をつけた問題には,学校名の最後に*印をつけています。

　また,文頭にくる単語も,選択肢の中では小文字で始まっています。文頭に出す必要がある語については,大文字から始めてください。

[実際の試験]（福島県2007年）
(about / to / worry / don't / you / have) that.
〈日本語なし〉

[本書]
「あれを心配する必要はないよ」
(about / to / worry / don't / you / have) that.
答え：You don't have to worry about that.　youは文頭なので，大文字にする

〈 英作文問題 〉

英作文は，「日本語が提示され，それを英文にしていく問題」や，「メモや絵を参考に文章を流れで書く問題」，「自分の意見や考えを書く問題」などがあります。

第1章では，「日本語が提示され，それを英文にしていく問題」という形式で出題をしてあります。その他の形式の英作文は，第4章で取り上げています。

英作文は，自分の弱点が分かる問題でもあります。間違えたところを見直して，どのような表現や言い方が分かっていないのかを確認して，学習につなげてください。

●問題の一部改訂について

問題は，過去の入試問題をほぼ利用しています。しかし，一部の問題は，皆さんが解きやすくするために，また学力をつけるために，問題の意図を変えない範囲内で，一部を変更していることがあります。これは改で示してあります。

《《 第2章 》》

入試で多く使われる表現や構文の一部を集めました。関連性を他と持たせるために，第1章で学んだ表現も含まれていますが，それは復習の意味も兼ねて取り組んでください。何度も音読や筆写をして，全ての表現・構文を覚え，使えるようにしましょう。

《《 第3章 》》

ここでは実際の問題をほぼそのまま載せています。今まで学んだ文法知識を使って解いてみてください。長文問題が苦手だ，という人が少なくありません。しかし，長文は1つ1つの英文が合わさってできたものです。読んでいるときには，話題は何なのか，ということを忘れずに読み続けてください。解答し，分からない英文をチェックしたら，音読を心がけましょう。

《《 第4章 》》

英問英答の問題と，指定された内容を書く英作文との2種類があります。**英問英答は，疑問詞の部分を参考にしてください。また，指定された内容を書くときには，表現方法を解説に用意しておきましたので，ご覧ください。**

英作文をしたら，それを先生にチェックをしてもらい，正しい英文が書けるようにしましょう。

本書で使われている文法用語と表記について

　本書では，各セクションで解説される文法項目に下記のような用語が含まれています。学校や塾で教わっていないものは、次の解説を読んで理解してください。

主　　語：「私が，私は」など「〜が、〜は」などの役割を果たす語句
述語動詞：「〜する」や「いる，ある」の役割をする語句
目 的 語：p.50「SVO（第3文型）」を参照
補　　語：p.54「SVOC（第4文型）」を参照
句 と 節：
　〈句〉
　　2語以上のグループから成り立ち，1つの品詞と同じ働きをする。この中に，〈主語と動詞（述語動詞）〉の組み合わせを持っていない。

　　　I like dogs.「私は犬が好きだ」
　　　　　　名詞

　　　I like playing baseball.「私は野球をすることが好きだ」
　　　　　　名詞句：名詞と同じ働きをする

　〈節〉
　　文の1部にあり，その中に〈主語と動詞（述語動詞）〉の組み合わせを持っている。

　　　I like dogs and my wife likes cats.「私は犬が好きで、妻はネコが好きだ」
　　　S　V　　　　　　S　　　V
　　　　節　　　　　　　　　節

名　　詞：人や場所，物，出来事などを表す言葉
動　　詞：動作（〜する）や存在（ある，いる）を表す言葉
形 容 詞：名詞（相当語句）を飾ったり，性質を表したりする言葉
副　　詞：動詞（相当語句），形容詞（相当語句），副詞（相当語句）を飾る言葉
代 名 詞：名詞（相当語句）の代わりに内容を表す語
　S：　主語を表す略字　　　V：　述語動詞を表す略字
　O：　目的語を表す略字　　C：　補語を表す略字

●本書での表記のルール

(　　)：(　　)内の語句を省略可能
[　　]：[　　]内の語句をその前の語句と置き換えが可能
〜：〜の部分に語句がくる
…：…の部分に節がくる。あるいは〜とともに用いて〜とは別の語句がくる

第1章

英文法・語法

　入試の英語問題を解くためには「英文法・語法」の力が必要です。「英文を読んで理解する・訳す」「英文を書く」「英文を聞く」「英文を話す」いずれの場合にも，文法の力が基礎となります。ここでは，**入試に出る文法項目を入試に出る順**で学んでいきます。

　左ページには「解説」と「例文」が載っています。右ページには「問題」が載っていて，左ページで学んだことについて理解できたかどうかを試すことが出来ます。この問題は学んだ文法項目を，「長文問題」や「英作文問題」など実際の試験で生かせるような問題形式になっています。

　2，3セクションごとに**「確認問題」**を設けています。それまでのセクションで学んだことがどこまで身についているかを，ここで確かめてください。問題の中には，自分のことに関わることなど，正解がいくつかのパターン考えられるものもあります。実際の入試では，自分のことを書かせる問題がよく出題されます。入試本番で慌てることのないよう，ここでチャレンジして，このような問題に慣れるようにしてください。

1 接続詞 ①

等位接続詞

等位接続詞とは，andやor, butなどのことで，語と語，句と句，節と節など，同じグループを結びます。

red **and** yellow「赤と黄色」 　語と語

on the desk **or** in the box「机の上か箱の中か」 　句と句

I went out, **but** my wife stayed home.「私は出かけたが，妻は家にいた」 　文と文

and「～と…」「～そして…」

- 左右の語をつなぐ　　　　　I like dogs **and** cats.「私はイヌとネコが好きです」
- 時間的なつながりを表す　　He went to the library **and** studied mathematics.
  「彼は図書館に行って数学を勉強した」
- 3つ以上のものをつなぐ　　最後の2つをandでつなぐ（A, B, C and D）
  She can play the piano, the guitar **and** the trumpet.
  「彼女はピアノとギター，トランペットを演奏できる」
- 命令形，and ⇒（p.78「命令文」）
- 覚えておきたい表現
  both A **and** B「AもBも」　　**between** A **and** B「AとBとの間」
  Both Jim **and** I like classical music.「ジムも私もクラシック音楽が好きだ」
  This train runs **between** Tokyo **and** Narita.
  「この電車は東京と成田との間を走っている」

or「～か…か［どちらか］」

- 左右のどちらかを選択する　I will eat *sushi* **or** *soba* for lunch.
  「私は昼食に寿司かそばを食べるつもりです」
- 否定語A or B「AもBも～ない」　Her hair **isn't** brown **or** long.
  「彼女の髪は茶色でも，長くもない」

but「～が，しかし…」

- 逆接の表現　　　　　　　　He is rich, **but** doesn't spend much money.
  「彼は金持ちだがそんなにお金を使わない」
- 文と文とを結ぶことが一般的
- 命令形，but ⇒（p.78「命令文」）

出題傾向
- 内容を問う問題（英文和訳）が多いので，しっかりと英文和訳できるようにする
- 並べかえの問題も多い
  andの出現率が高く，他の文法項目と合わさり，出題されるケースが多い

対策
接続詞が何と何とを結んでいるかを見抜く
特にandが2つのものをつなげているときには，右側にくる語(句)の品詞や語形(活用)を手がかりにペアを考える

1 日本語を参考にして、andかorを入れなさい。
(1) 「私は東京に行って友人と会った」
I went to Tokyo (　　　) met some friends.
(2) 「コーヒーか紅茶、どちらにしますか」
Would you like coffee (　　　) tea?

2 次の英文を日本語にしなさい。
(1) My father and mother don't speak English very well. (宮城県*)

(2) You're going to meet new friends and teachers. (千葉県*)

(3) I was interested in the girl and wanted to meet her. (山形県*)

3 (　　　)内の語句を、日本語を参考にして並べかえなさい。
(1) ロンドンには、多くの公園と教会がある。 (沖縄県図)
(many parks / there / in London / and / are / churches).

(2) 私はあなたのお父さんの野菜を買いに行く。 (福島県)
(go / your father's / and / I'll / buy / vegetable).

(3) この学校には、勉強とスポーツとの両方を楽しむたくさんの生徒がいる。 (穎明館高図)
There are (in this school / many students / who / enjoy / both studying / playing sports / and).

4 次の日本語を英文にしなさい。
(1) そのホテルは病院と公園の間にある。 (三重県)

(2) 私は日本を訪れ、よい時を過ごした。 (同志社高)

(3) 私はシアトル(Seattle)で生まれ育った。 (巣鴨高図)

注　**2** (1) not ~ very well たいして~でない　**4** (1) 病院 hospital　(2) よい時を過ごす have a good time
(3) 育つ bring up

2 接続詞 ②

従位接続詞①

従位接続詞とは，時や理由，条件を表す接続詞と，「～すること」という意味を表すthatの2種類がある。この接続詞によって導かれる節を従節(従属節)といい，それを従える節を主節という。

I will cook when he comes back.　　I hope that she will win.
　主節　　　　　従節　　　　　　　　　主節　　　従節　　　　　「節」とは→p.8

《 時を表す接続詞：when, before, after, as soon as 》

when 「～するとき」「～であるとき」
　When I was young, I played basketball.「若いとき，私はバスケットをしていた」

before 「～する前に」
　Please come here before you leave for New York.
　「ニューヨークに行く前に，ここに来てください」

after 「～したあとで，～してから」
　I watched TV after I finished my homework.「宿題を終えてから，テレビを見た」

as soon as ～ 「～するとすぐに」
　I will call Tom as soon as I get home.「家に着いたらすぐに，トムに電話をします」

・未来のことであっても，接続詞節(接続詞のグループ)は現在形が使われる。
　When he comes here, we will go to eat dinner.「彼がここに来たら，食事に行きます」

《 理由を表す接続詞：because, as 》

because 「～なので，～だから」
　Thank you for inviting me to dinner, but I cannot visit you because I caught a cold.「夕飯への招待ありがとう，でも風邪をひいたので，訪れることができません」

・Why ～ ?と聞かれたときには，Because ～ .と答える。このときBecauseは「なぜ」という意味になる。
　Why do you love Tom?「どうしてトムが好きなの？」
　Because he is very kind.「なぜなら，彼はとても優しいからよ」

as 「～なので，～だから」
　As it was raining, I stayed home and read a book.
　「雨が降っていたので，家にいて本を読みました」

出題傾向
● 内容を問う問題が多い
● 並べかえ問題も多い
　　whenやbecauseがよく出題される

対策
従節を見抜き，それを[　　]で囲むと分かりやすい
I will cook [when he comes back].「彼が戻ってきたら，料理を作ります」

1 日本語を参考にwhenかbecauseを入れなさい。

(1) 「私が家に帰ってきたとき,母は夕飯を作っていた」
(　　　　) I came back home, my mother was cooking dinner.

(2) 「寝坊をしたので,彼は学校に遅れた」
He was late for school (　　　　) he overslept.

2 次の英文を日本語にしなさい。

(1) We are very busy because we have a lot of homework to do. （福井県＊）

(2) We can remember our class when we sing this song. （大阪府）

(3) I don't want to live after everyone I know is dead. （同志社高）

3 (　　　　)内の語句を,日本語を参考にして並べかえなさい。

(1) I'll (it / you / when / teach / come / to / you) again. （群馬県図）
「あなたが再び来たときに,それを教えましょう」

(2) I (did / the work / I / asked / to / was / do / because) it. （東京工業大附高図）
「それをするように頼まれたので,私はその仕事をしました」

(3) Fred (after / to the movies / he / went / finished) his homework. （開成高図）
「フレッドは,宿題を終えた後で,映画に行きました」

4 次の日本語を英文にしなさい。ただし(2)は下線部分を英文にしなさい。

(1) 本を借りるときには,図書カードが必要です。 （栃木県図）
＿＿＿＿＿＿＿＿＿＿＿＿＿＿＿＿＿＿＿＿ you need a library card.

(2) 日本を離れる前に,私はアメリカについてたくさん学んだ。しかし,アメリカに来てわかったことがとても多かった。 （甲陽学院高）

(3) 私は中国の歴史に興味があるので,来年中国に行きたい。
I want to go to China next year ＿＿＿＿＿＿＿＿＿＿

注　**1** (2) be late for ～ ～に遅れる　oversleep 寝坊する　**2** (2) remember 思い出す
4 (1) 図書カード a library card　(2) たくさん学ぶ learn a lot

3 接続詞 ③

従位接続詞②

《 条件を表す接続詞：if 》

if「もし…ならば」
　If he comes back soon, I will go and buy the book.
　「**もし**彼がすぐに帰ってき**たら**, その本を買いに行きます」
- 未来のことであっても, 接続詞節（接続詞のグループ）は現在形が使われる。
　× If it will rain tomorrow, I'll read a book at home.
　○ If it **rains** tomorrow, I'll read a book at home.
　「もし明日雨が降ったら, 家で本を読みます」

《「…ということ」という意味を表す接続詞：that 》

that「…ということ」
　I know **that** you are busy.「私はあなたが忙しい**こと**を知っている」
- このthatは省略されることがある。
　I think (**that**) he will come soon.「私は, 彼がすぐに来ると思います」

出題傾向
- 内容を問う問題が多い
- 並べかえ問題も多い
  think, know, believe, find, understand, learn, feel, hope, say ＋ that節という問題が多い。また, 並べかえ問題ではthatが省略されることも多い。

対策
★ よく使われる動詞の活用形をしっかりと暗記する（⇨ p.82「不規則変化動詞」）
★ 並べかえ問題では, that節の主語・動詞の組み合わせを見抜く
★ 従節を見抜き, それを[　　]で囲むと分かりやすい
　I hope [that she will win].「私は彼女が勝つことを願っている」
　　主節　　　　従節

Further Lesson

次の表現を覚えておこう！（S：主語　V：動詞）

I think that SV「SVと思う」	I know that SV「SVを知っている」
I believe that SV「SVを信じている」	I find that SV「SVだと分かる」
I understand that SV「SVだと理解する」	I learn that SV「SVということを知る」
I feel that SV「SVが分かる」	I say that SV「SVだという」
I hope that SV「SVだといいですね」	

1 英文が完成するよう，適切なものを選びなさい。

(1) If he comes, _____

(2) If it doesn't rain tomorrow, _____

> I want to see him　　let's play tennis

2 次の英文を日本語にしなさい。

(1) I hope I will read and write English like you. 　　(富山県★)

_____

(2) If we get together, we can do big things. 　　(島根県★)

_____

(3) I think every town has its own important things. 　　(宮城県改)

_____

3 (　　　)内の語句を，日本語を参考にして並べかえなさい。

(1) 「彼は明日学校に来ると思いますか」
Do (think / you / he / come / will / to school) tomorrow? 　　(石川県改)

_____

(2) 「もしあなたが好きなものを描けば，絵を描くことを楽しめます」
(you / favorite / if / things / your / draw), you can enjoy drawing. 　　(群馬県改)

_____

(3) 「科学者たちの中には，ある生物のDNAがあれば完璧にクローンが作れると信じている人もいる」
(if they / they can / some scientists / a perfect clone of a living thing / that / have / believe / make) its DNA. 　　(海城高改)

_____

4 次の日本語を英文にしなさい。

(1) 「もし質問があれば，私に尋ねてください」 　　(山梨県)

_____

(2) 「多くの人が来てくれるといいですね」 　　(三重県改)

_____

注　2 (2) get together 力を合わせる　　3 (2) draw 描く　　(3) clone クローン　　living thing 生物

確認問題1 〈接続詞〉

1 接続詞を用いてAとBをつなぎ, 英文を完成させて, 日本語にしなさい。

A		B
My father came back	and	he ate dinner
Do you want to eat lunch	but	do you want to drink coffee?
I wanted to telephone her	or	I didn't have her number

英　語：＿＿＿＿＿＿＿＿＿＿＿＿＿＿＿＿＿＿＿＿＿＿＿＿＿＿＿＿＿＿＿＿＿＿

日本語：＿＿＿＿＿＿＿＿＿＿＿＿＿＿＿＿＿＿＿＿＿＿＿＿＿＿＿＿＿＿＿＿＿＿

英　語：＿＿＿＿＿＿＿＿＿＿＿＿＿＿＿＿＿＿＿＿＿＿＿＿＿＿＿＿＿＿＿＿＿＿

日本語：＿＿＿＿＿＿＿＿＿＿＿＿＿＿＿＿＿＿＿＿＿＿＿＿＿＿＿＿＿＿＿＿＿＿

英　語：＿＿＿＿＿＿＿＿＿＿＿＿＿＿＿＿＿＿＿＿＿＿＿＿＿＿＿＿＿＿＿＿＿＿

日本語：＿＿＿＿＿＿＿＿＿＿＿＿＿＿＿＿＿＿＿＿＿＿＿＿＿＿＿＿＿＿＿＿＿＿

2 日本語を参考に, (　　　)内を正しい語順に並べかえなさい。

(1)「私が到着したとき, 雨が降っていた」
(when / was / it / I / raining) arrived.
＿＿＿＿＿＿＿＿＿＿＿＿＿＿＿＿＿＿＿＿＿＿＿＿＿＿＿＿＿＿＿＿＿＿＿

(2)「好きなので, 私は仕事をします」
(because / do / I / I / like / my job) it.
＿＿＿＿＿＿＿＿＿＿＿＿＿＿＿＿＿＿＿＿＿＿＿＿＿＿＿＿＿＿＿＿＿＿＿

(3)「もし雨なら, 私たちは家にいます」
(rains / stay / it / if / we'll / at /,) home.
＿＿＿＿＿＿＿＿＿＿＿＿＿＿＿＿＿＿＿＿＿＿＿＿＿＿＿＿＿＿＿＿＿＿＿

(4)「宿題が終わったら出かけます」
(go out / after / finish / will / I / I / my) homework.
＿＿＿＿＿＿＿＿＿＿＿＿＿＿＿＿＿＿＿＿＿＿＿＿＿＿＿＿＿＿＿＿＿＿＿

3 例のようにXと下の囲みを参考にして、次の日本語を英文にしなさい。ただし(　　)の中には、日本語を参考に主語になる語を書きなさい。

X：When (　) was in elementary school, [　　　　　].

> ~~play baseball everyday~~ / learn the piano / like swimming /
> read many books / live in Hokkaido

例）私が小学生だったとき、毎日私は野球をしていた。
　　　　When I was in elementary school, I played baseball everyday.

(1)「兄が小学生だったとき、彼は水泳が好きだった」

(2)「母が小学生だったとき、彼女はたくさんの本を読んだ」

(3)「トモコが小学生だったとき、彼女はピアノを習っていた」

(4)「ケンタが小学生だったとき、彼は北海道に住んでいた」

4 例のようにXと下の囲みを参考にして、次の日本語を英文にしなさい。ただし[A][B]欄は、下の囲みのA, Bからそれぞれ選んで英文を書きなさい。

X：I [　　A　　] that [　　B　　].

> A：~~think~~, know, believe, understand, hope
> B：~~be honest~~, be busy, win the speech contest, like my present, love me

例）私は彼は正直だと思います。
　　　　I think that he is honest.

(1)「私は彼が私を好きだと知っています」

(2)「私たちはあなたがそのスピーチコンテストに勝つことを信じています」

(3)「彼はあなたが忙しいことを理解しています」

(4)「彼女が私のプレゼントを気に入ってくれるといいな」

4 助動詞 ①

　助動詞とは動詞の前につけ，その動詞の意味を広げる役割を持っている。疑問文では主語の前におかれ，否定文ではその後にnotがおかれる。

《 will（過去形：would）》

(1) 「～だろう」(単純未来)「～する」(意志未来) ……………………………………

　　We **will** [We'll] go to Tokyo tomorrow.「私たちは明日，東京に行き**ます**」 意志未来
　　　＊ willの短縮形は 'll　例 I will = I'll　They will =They'll
　　　I'll take care of your daughter this weekend. 意志未来
　　　「週末にお嬢さんの面倒をみ**ましょう**」
　　　＊ will notの短縮形は **won't**
　　　They **won't** come here.「彼らはここに来ないだろう」 単純未来

(2) **Will you ～？**「～してくれませんか？」 ……………………………………
　　Will you lend me this book**?**「この本を私に貸し**てくれませんか**」

《 be going to 》

- willと同じように未来を表す
- be動詞は主語によってam / are / isなどにかわる
- willに比べて近い未来や，「～するつもりである」というすでに決定した予定を表す

(1) 「～するつもりである」(決定した予定) …………………………………………
　　I **am going to** buy a new bike.「私は新しい自転車を買う**つもりだ**」

(2) 「～しようとしている」(近い未来) …………………………………………
　　I'm going to visit Susan.「私はスーザンを見舞いに行く**ところだ**」

《 may 》

(1) 「～かもしれない(し，そうでないかもしれない)」 ………………………………
　　We **may** visit you tomorrow.「私たちは明日，あなたを訪れる**かもしれない**」

(2) **May I ～？**「～してよろしいでしょうか」(Can I ～？よりもていねい) ………
　　May I have your name, please**?**「お名前を伺っ**てよろしいでしょうか**」

出題傾向	●内容を問う問題が多い ●英作文の問題も多い ●並べかえの問題も多い
対策	★**助動詞の基本を理解する** 　→否定文・疑問文では**do**を使わない 　　I <u>will</u> not change my mind.「私は気持ちを変えないだろう」 　→助動詞の後は動詞の原形 　　Mary may <u>use</u> this guitar.「メアリーはこのギターを使うかもしれない」

1 日本語を参考に，(　　)に適切な1語を入れなさい。
(1) (　　)(　　) clean this room?　「この部屋を掃除してくれますか」
(2) (　　)(　　) borrow your pen?「あなたのペンをお借りしてよろしいですか」

2 次の英文を日本語にしなさい。
(1) I am going to do English *rakugo* at the school festival next year.　　（埼玉県★）

(2) I will never park my bike on the sidewalk.　　（埼玉県★）

(3) Many of plastic bags will become garbage.　　（宮城県★）

3 (　　)内の語句を，日本語を参考にして並べかえなさい。
(1) 「お母さん，午後の天気はどうなりますか」
Mom, (will / the weather / how / this afternoon / be)?　　（千葉県図）

(2) 「あなたは明日テニスをするつもりですか」
(you / to / going / tennis / are / tomorrow / play)?

(3) 「あなたのパスポートをお見せいただけますか？」
(your / show / me / passport / you / will)?

4 次の日本語を英文にしなさい。
(1) 「Dickさんはおられますか？」〈電話でDickさんと話したいと伝える〉　　（富山県図）

(2) たくさんの新しいことをするつもりです。〈willを使う〉　　（山梨県）

(3) メアリーが日本に留学するらしいんだ。〈be going toを使う〉　　（愛光高）

注　**2** (2) sidewalk 歩道　(3) plastic bag レジ袋　garbage ゴミ　**4** (3) …らしい I hear … .

5 助動詞 ②

《 can（過去形：could）》

(1) 「〜できる」 can swim「泳ぐことができる」
He **can** swim well.「彼は上手に泳ぐことが**できる**」

(2) 「〜してもよい」 can come「来てもよい」
You **can** come if you like.「よければ，来ても**いいよ**」

(3) **Can I 〜？**「〜してもいいですか」（許可を求める表現）
Can I use your mobile phone**?**「あなたの携帯電話を貸りても**いいですか**」
Can [Could] you 〜？「〜してくれませんか[くださいませんか]」（依頼）
Can [Could] you lend me some money**?**
「私にお金を貸し**てくれませんか**[**くださいませんか**]」

《 be able to 》

canと同じように「**〜できる**」という意味を表し，be動詞は主語によって変わる。
My father **isn't able to** walk because he broke a bone in his leg last week.
「父は先週足の骨を折っていたので，歩くことが**できない**」

未来の可能（〜できるようになる）を表すときには，willとcanをつなげたいのだが，それができない。そのため，canをbe able to でいいかえ，**will be able to 〜**とする。
She **will be able to** ride a bike soon.
「彼女はもうすぐ自転車に乗れる**ようになるだろう**」

《 should 》

「〜するのがよい」「〜すべきだ」
The teacher said, "You **should** study mathematics for the test."
（先生は，「テストのために数学を勉強する**べきだ**」といった）

出題傾向	● 内容を問う問題が多い ● 英作文の問題も多い ● 並べかえの問題も多い
対策	★「〜できるようになる」（未来の可能）という表現を理解し，使えるようにしておく

1 日本語を参考に（　　）内に can か should を入れなさい。

(1)「私は全ての問題に答えられる」
   I (　　) answer all the questions.

(2)「あなたはここにいるべきだ」
   You (　　) stay here.

2 次の英文を日本語にしなさい。

(1) If you repair the *yukata* very well, you can give it to your daughter in the future.　　　（山形県）

(2) We should learn about our traditional food and keep it for the future.　　（和歌山県）

(3) You can wrap or carry many kinds of things with *furoshiki*.　　（宮城県＊）

3 （　　）内の語句を，日本語を参考にして並べかえなさい。

(1)「理科の宿題に，何もよいものが見つけられない」　　（佐賀県改）
   (I / for my science homework / anything / cannot / good / find).

(2)「風邪をひいているときは，お風呂にはいるべきではない」　　（栃木県改）
   We (should / have a cold / take a bath / we / not / when).

(3)「その機械を使えばかなり時間を節約できるでしょう」　　（東工大附科技高改）
   You (a lot of / will / by the machine / able / save / be / to / time).

4 次の日本語を英文にしなさい。

(1) 明日，早く起きられないわよ。　　（静岡県改）

(2) その山は公園から見えます　　（熊本県）

(3) 別のカバン(another bag)を買ったほうがいいかな，と思っています。　　（東京学芸大附高）

注　**2** (1) repair 直す　　in the future 将来　　(3) wrap A with B AをBで包む

6 助動詞 ③

《 must 》

(1)「〜しなければならない」
We **must** work hard today.「私たちは今日，一生懸命働か**なければならない**」

(2)「〜に違いない」
Jeff **must** be busy this afternoon.「ジェフは午後，忙しい**に違いない**」

(3) must not 〜「〜してはいけない」
You **must not** play soccer here.「ここでサッカーを**してはいけない**」

《 have to（過去形：had to）》

(1)「〜しなければならない」(「〜に違いない」という意味はない)
He **has to** stay here until seven o'clock.「彼は7時までここにい**なければならない**」

(2) don't have to 〜「〜する必要はない」
We **don't have to** work today.「私たちは今日，働く**必要はない**」

- mustには過去形がないので，「〜しなければならなかった」というときには，had to 〜を使う。
    Jeff didn't come here because he **had to** do his homework yesterday.
    「ジェフは昨日は宿題を**しなければならなかった**ので，ここに来なかった」

《 Shall I 〜 ? 》

「(私が／いっしょに)〜しましょうか」という**提案・申し出**を表す
Shall I clean your room**?**「あなたの部屋を掃除**しましょうか**」
- Yesのときの答え方→ Yes, please.「はい，お願いします」
- Noのときの答え方 → No, thank you.「いいえ，結構です」

《 Shall we 〜 ? 》

「(いっしょに)〜しませんか」という**提案・申し出**を表す
Shall we go to the movies tonight**?**「(いっしょに)今晩，映画に行き**ませんか**？」
- Yesのときの答え方→ Yes, let's.「はい，行きましょう」
- Noのときの答え方 → No, let's not.「いいえ，やめておきましょう」

出題傾向
- 内容を問う問題が多い
- 英作文の問題も多い
- 並べかえの問題も多い

対策
★ それぞれの助動詞の意味をしっかりと暗記しておく
★ Shall I / we 〜 ?の答え方を理解・暗記しておく

1 日本語を参考に（　　）内に適語を入れなさい。

(1) 「あなたは彼女を訪れる必要はありません」
You (　　)(　　)(　　) visit her.

(2) 「いま、いっしょに行きませんか」
(　　)(　　) go now?

2 次の英文を日本語にしなさい。

(1) One day, Mother said to Bill, "Father must go to the hospital." （大分県*）
_____

(2) To go to the sea with his father, Jim must prepare everything by himself. （青森県図）
_____

(3) Some people in the world had to leave their countries because there was no food to eat. （宮城県*）
_____

3 (　　)内の語句を，日本語を参考にして並べかえなさい。

(1) 「あなたは3時にここへ来なくてもいいですよ」 （沖縄県図）
You (have / come / don't / here / to) at three.
_____

(2) 「私たちはそんなに早く起きる必要はありません」
(we / to / up / don't / get / have / so early). （千葉県図）
_____

4 次の日本語を英文にしなさい。

(1) 私が彼女のかわりにそのネコの面倒をみなければならない。 （筑波大附高図）
_____

(2) 「彼女の電話番号を教えましょうか？」「はい，お願いします／いいえ，結構です」 （愛知県図）
_____

Yes, _____ . No, _____ .

注　**2** (1) go to the hospital 入院する　(2) prepare 用意する　by himself 自分で
4 (2) 電話番号 phone number

確認問題2 〈助動詞〉

1 日本語を参考に, (　　) 内の正しいものを選び, 英文を完成させなさい。

(1) 「私たちは午後, おじさんを訪れます」
We (will / can / must) (visit / visits / visiting) our uncle this afternoon.
_____

(2) 「あなたは明日までに宿題を終わらせなければならない」
You (will / can / must) (finish / finishes / finishing) your homework by tomorrow.
_____

(3) 「あなたの自転車を使っていいですか」
(will / can / shall) I (use / uses / using) your bike?
_____

(4) 「あのレストランで昼食を食べませんか」
(will / can / shall) we (eat / eats / eating) lunch at that restaurant?
_____

(5) 「切符をお見せくださいますか」
(will / must / shall) you (show / shows / showing) me your ticket?
_____

2 下線部にふさわしい語を下の囲みから選び, 答えなさい。なお, それぞれ1回しか使えないものとする。

(1) I went to Okinawa this summer, and I _____ visit Hokkaido next year.
(2) I forgot my pencil case! _____ lend me some pencils?
(3) I can't read her mind, she _____ come or not.
(4) Tom lived in Hokkaido for a long time, but he _____ ski.
(5) Your son has become big! _____ he _____ walk now?
(6) Don't watch TV! You _____ do your homework!
(7) Don't play the video game! You _____ do it today!
(8) I _____ work on Xmas. I was very sad.
(9) _____ open the window? ―― Yes, please.
(10) _____ go now? ―― No, let's not.
(11) I am studying Korean hard. I _____ speak it next year.

```
will  /  may  /  is able to  /  must not  /  shall we  /  will you
cannot  /  should  /  shall I  /  will be able to  /  had to
```

3 例のように下の囲みの語を使い，自分のことを書きなさい。

(can / cannot)

> 例 I cannot play the guitar.

- I _____
- I _____
- I _____

> sing English songs / ~~play the guitar~~ / run fast / eat *Shiokara*

(will / won't)

- I _____ next Sunday.
- I _____ next Sunday.
- I _____ next Sunday.

> play sports / study English at home / go cycling

(must / don't have to)

- I _____
- I _____
- I _____

> shave every morning / study mathematics today /
> wash the dishes after dinner

4 次の答えを，Yes / No の両方で答えなさい。

1. Shall I open the window?
   Yes, _____ .
   No, _____ .

2. Shall we go to the movies tomorrow?
   Yes, _____ .
   No, _____ .

7 関係代名詞 ①

関係代名詞節(関係代名詞のグループ)は，その前にある名詞(**先行詞**)を飾る。そして，代名詞としての働きと，先行詞を飾るという接続詞としての働きの２つの役割を持っている。

   a singer **who** can sing very well 「とても上手に歌える歌手」
   先行詞
          後ろから飾っている

先行詞(名詞)＋関係代名詞節で１つのまとまりとして考えると，理解しやすい。

  Tom is | a singer **who** can sing very well. | 「トムは| とても上手に歌える歌手 |です」

《 関係代名詞の種類 》

先行詞が人かどうかと，その格によって使われる関係代名詞が変わる。

格＼種類	人	人以外	人と人以外
主 格	who	which	that
目的格	who (whom)		

中学校では，所有格のwhoseは扱われない

（種類）

(1) 先行詞が人→関係代名詞は **who (whom)** か **that** ………………
  I know a boy who [that] swims very fast.
  「私は，とても速く泳ぐ男の子を知っています」

(2) 先行詞が人以外→関係代名詞は **which** か **that** ………………
  I have some books which [that] are written in English.
  「私は英語で書かれた本を数冊，持っています」

（格）

(1) **主 格**：関係代名詞節の中で，主語の働きをする。……………………
  Soseki is the novelist who wrote *Sanshiro*.「漱石は『三四郎』を書いた小説家だ」
        whoは動詞wroteに対して主語の働きをしている。

(2) **目的格**：関係代名詞節の中で，目的語の働きをする。………………
  This is the picture which I took yesterday.「これは私がきのう撮った写真だ」
      whichは動詞tookに対して目的語の働きをしている。

出題傾向 ●内容を問う問題が多い

対策 ★関係代名詞節(関係代名詞のグループ)を見抜き，それを[   ]で囲み，先行詞＋関係代名詞節で１つのまとまりと考え，□□で囲む

  This is | the picture [which I took yesterday] |.
  「これは私がきのう撮った写真です」

1 日本語を参考に（　　）内にwhoかwhichを入れなさい。

(1)「この窓を壊した男の子」　the boy (　　) broke this window

(2)「東京から千葉まで走る電車」the train (　　) runs from Tokyo to Chiba

2 次の英文を日本語にしなさい。

(1) When I lived in Australia, I went to some gardens and found many flowers which I didn't see in Japan. 　(岐阜県★)

_____

(2) We should learn to communicate well with other people who have different ideas. 　(群馬県★)

_____

(3) When you speak to people who are working there, you should use *keigo*. 　(群馬県改)

_____

(4) Students who have breakfast do better in math than sutdents who don't. 　(佐賀県★)

_____

(5) There is a story of a pet that helped an old woman. 　(新潟県改)

_____

3 (　　)内の語句を，日本語を参考にして並べかえなさい。

(1)「ヤンバルクイナは沖縄に住んでいる鳥である」 　(沖縄県改)
Yanbarukuina (in / is / that / Okinawa / a bird / lives).

_____

(2)「朝食に関心ももたず，朝食をとらずに1日を始める人たちがいる」 　(愛知県)
There are (are / people / in / not / some / interested / who) breakfast and start a day without it.

_____

(3)「お前は，自分のものではない犬を私に売ったんだな！」 　(大教大附高平野★)
You (a dog / that / me / yours / not / sold / was)!

_____

(4)「ジェフが昨日みた映画を知っていますか」
Do you (know / which / the movie / Jeff / saw) yesterday?

_____

注　**2** (1) garden　庭園　(2) communicate with ～　～とコミュニケーションをとる
(3) speak to ～　～に話しかける

8 関係代名詞 ②

《 関係代名詞が使われる場所 》

(1) 主語を飾る場合

The boy [who can play the mandolin] is Jim.

「マンドリンを演奏できる男の子はジムだ」
主語を関係代名詞節が飾る場合は，関係代名詞から，2つめの動詞の直前までが関係代名詞節。

The teacher [who teaches us English] is Mr. Kojima.
                        1   2

「私たちに英語を教えているその先生は小嶋先生です」

(2) 目的語や補語を飾る場合

I have a friend [who lives in China].「私は中国に住んでいる友だちがいます」

《 主格の関係代名詞のあとの動詞の形 》

関係代名詞のあとの動詞の形は，先行詞に合わせる。

I have a friend who lives in China.「私は中国に住んでいる友だちがいます」
                        先行詞が a friend なので，動詞には3単現のsがつく

《 目的格の関係代名詞の用法と省略 》

目的格の関係代名詞は先行詞が人以外であれば which [that] なのだが，人のときは whom の場合もある。しかし，口語では who や that を使うことが多い。また，省略される場合もある。

This is the car (which [that]) my mother used.
「これは，母が使っていた車だ」

Bill is a famous talent (who [whom]) everyone likes.
「ビルは，みんなが好きな有名なタレントです」

I know the man (who [whom]) you met yesterday.
「私は，あなたがきのう会った人を知っている」

出題傾向
- 内容を問う問題が多い
- 並べかえ文の問題が多い
  目的語の働きをする関係代名詞が省略されている並べかえが多い

対策
★ 主語になる場合は，どこからどこまでが関係代名詞節かを考える
★ 並べかえのときには，関係代名詞が省略されているかどうか考える

1 関係代名詞が省略できる文の番号に○をつけなさい。
(1) I have a sister who lives in Hokkaido.
(2) This is the watch which you lost yesterday.
(3) The man who Mary loves is Jim.
(4) Do you know the man who is studying over there?

2 次の英文を日本語にしなさい。
(1) The people we saw in the park didn't like dogs. (徳島県★)

(2) The first thing we should do is to study every subject hard. (群馬県★)

(3) "White" was the color that the drivers could see the best of all the colors. (栃木県★)

(4) He likes to go by bike to places he hasn't visited. (徳島県★)

3 (　　) 内の語句を, 日本語を参考にして並べかえなさい。
(1) That (the library / the man / is / we / in / met) last week. (宮崎県★)
「あれは, 私たちが先週図書館で会った人です」

(2) The (made / cake / father / was / your) delicious. (宮城県)★
「あなたのお父さんが作ったケーキはおいしい」

(3) (watched / was / my brother / the movie / and / I) very good. (愛媛県図)
「兄と私が見た映画は, とてもよかった」

(4) (this / you / all the money / is / have)? (広島大附高図)
「これがあなたの持っている全てのお金ですか」

(5) I (ring / Bob / like / gave / which / the / me). (成城学園高)
「私はボブがくれた指輪を気にいっています」

注　**2** (2) subject 教科　(4) by bike 自転車で　**3** (5) ring 指輪

確認問題3 〈関係代名詞〉

1 AとBとをつないで英文を作り、その英文を日本語にしなさい。

A	B
I have many friends	that I told you about
This is the dictionary	who I can really trust
He is the man	which I bought last week

英　語：_____

日本語：_____

英　語：_____

日本語：_____

英　語：_____

日本語：_____

2 (1)～(3)は日本語を参考に(　　　)内の語を並べかえなさい。(4), (5)は英文を日本語にしなさい。

(1) 「私は北海道に住んでいるおじがいます」
I (an uncle / who / in / have / lives / Hokkaido).
_____

(2) 「この絵を描いた画家は有名だ」
The artist (who / this picture / is / painted / famous).
_____

(3) 「漱石は私がいちばん好きな作家です」
Soseki (the writer / I / like / is / the best).
_____

(4) Students who study hard are able to practice sports hard.
_____

(5) The people you met yesterday are the people who know the person you are going to meet tomorrow.
_____

3 あなたの周りの人について，例のようにXと下の囲みを参考にして紹介し，その人の名前を書きなさい。

X: I have a [　　A　　] who [　　B　　]. _____ name is _____

> A: friend / teacher / sister / brother / cousin
> B: ~~can run fast~~ / speak English / be kind to us
> 　　be good at cooking / play basketball well
> 　　go to library every Sunday / like small children
> 　　have many CDs / like *Ramen* / can play chess

（例） I have a _friend_ who _can run fast_. _His_ name is _Takeshi_.

(1) I have a _____ who _____ . _____ name is _____ .

(2) I have a _____ who _____ . _____ name is _____ .

(3) I have a _____ who _____ . _____ name is _____ .

(4) I have a _____ who _____ . _____ name is _____ .

(5) I have a _____ who _____ . _____ name is _____ .

(6) I have a _____ who _____ . _____ name is _____ .

(7) I have a _____ who _____ . _____ name is _____ .

(8) I have a _____ who _____ . _____ name is _____ .

(9) I have a _____ who _____ . _____ name is _____ .

4 例のように，日本語を参考にして [　　] を英文に組み込みなさい。

（例）「父の使っている車は高い」
The car is expensive. [my father uses]
　　　　The car my father uses is expensive.

(1)「あなたがパーティで会った男性は有名な医師です」
The man is a famous doctor. [you met at the party]

_____

(2)「彼がきのう撮った写真はとてもすてきだ」
The picture is very nice. [he took yesterday].

_____

9 疑問詞 ①

疑問詞とは，文頭におかれ，「何」とか「誰」，「どちら」などの意味を表す。疑問詞を使った疑問文は Yes / No では答えられず，疑問詞のあとは疑問文と同じ語順になる。

who「誰」
Who wrote this book?「誰がこの本を書いたのですか」
── Mr. white did.「ホワイトさんです」

which「どちら(の)」「どれ(どの)」
Which is your wallet?「あなたの財布はどれですか」 ── The left one.「左側です」
Which dictionary is hers?「どちらの辞書が彼女のですか」
── The blue one.「青いのです」

what「何(の)」
What did you do on Sunday night?「日曜日の夜は何をしていましたか」
── I went to the concert.「コンサートに行きました」
What subject do you like the best?「どの教科がいちばん好きですか」
── I like mathematics the best.「数学がいちばん好きです」
覚えておこう! What do you think of ～？「～についてどう思いますか」

where「どこ」
Where did he go yesterday?「彼は昨日，どこに行ったのですか」
── He went to the beach.「彼はビーチに行きました」

how「どのように」
How do you go to school?「どのようにあなたは学校に行くのですか」
── By Bus.「バスで行きます」

why「どうして」
Why did you decide to become a nurse?「どうして看護師になろうと決めたのですか」
── Because I like to take care of people.「なぜなら，私は人のお世話をするのが好きだからです」

whose「誰の(もの)」
Whose glasses are these?「これは誰のメガネですか」── It's mine.「私のです」
Whose is this bicycle?「この自転車は誰のものですか」── It's his.「彼のです」

出題傾向
- 英作文の問題が多い
- 内容を問う問題が多い
- 並べかえの問題も多い

対策 ★日頃から，疑問詞を使った疑問文を，自分で英作文してみる

1 (　)に適切な疑問詞を入れなさい。

(1) (　　　) pencil is this? —— It's mine.

(2) (　　　) is that man? —— He is Jeff's father.

(3) (　　　) do you live? —— I live in Osaka.

(4) (　　　) were you absent from school yesterday? —— Because I was sick.

2 (1)は日本語にし，(2)，(3)は(　　　)内の語句を日本語を参考にして並べかえなさい。

(1) Why do many people eat *mochi* on New Year's Day?　　　(島根県★)

(2) 「オーストラリアでは，いつ夏休みが始まりますか」　　　(茨城県★)
(start / summer / when / vacation / does) in Australia?

(3) 「あなたの町には，どんなお祭りがあるのですか」　　　(宮城県改)
(do / kind of / festivals / have / you / what) in your town?

3 次の日本語を英文にしなさい。

(1) 富山についてどう思いますか。　　　(富山県改)

(2) どうして日本に来たのですか。　　　(高知県改)

(3) その頃の人たちって，どんな暮らしをしていたんだろう。　　　(佐賀県)

(4) 旅行カバンはどこで買えますか？　　　(三重県改)

注　**1** (4) be absent from ～　～を休む　**3** (3) その頃の　in those days　(4) 旅行カバン　traveling bag

10 疑問詞 ②

how many「いくつの〜」「何人の〜」
　How many dictionaries do you have?「あなたは何冊の辞書を持っているのですか」
　how many の後には名詞の複数形がくることに注意。
　── I have four.「4冊持っています」

how long「どのくらいの長さか」
　How long will you stay in this town?「この町にはどのくらい滞在しますか」
　── About two weeks.「約2週間です」
　長さと時間,両方に使うことができる。

how much「値段がいくらか」
　How much is this car?「この車はいくらですか」
　── About ¥1,000,000.「約100万円です」

how old「何歳か」「どのくらい古いか」
　How old is this building?「この建物は,築何年(どのくらいの古さ)ですか」
　── About 100 years old.「約100年です」

how about 〜「〜してはどうか」「〜についてはどうか」
　How about your trip to Korea?「韓国への旅行はいかがでしたか」
　── It was very wonderful.「とても素晴らしかった」
　How about going to the movie tonight?「今晩,映画を見に行きませんか」
　── That's sounds good.「いいですね」
　相手に提案したり,意見を求めたりするときに使う。

疑問詞＋to不定詞
　「疑問詞の意味＋〜したらよいのか[〜すべきか]」という意味を表す。
　Please teach me **how to** use this digital camera.
　　「私にこのデジタルカメラの使い方を教えてください」
　You have to think **what to** do next.
　　「あなたは次に何をしたらよいか考えなければならない」
　when to *do*「いつ*do*したらよいか」, **where to** *do*「どこに〜したらよいか」,
　which to *do*「どれ[どちら]を*do*したらよいか」も覚えておく。

出題傾向	●英作文の問題が多い ●並べかえの問題も多い ●内容を問う問題も多い
対策	★疑問詞を使った疑問文を,自分で英作文してみる ★並べかえでは,疑問詞の後にどの語が来るかを考える

1 日本語を参考に（　　）内に適語を入れなさい。

(1) 「この人形はいくらですか」
(　　)(　　) is this doll?

(2) 「明日，どこに行けばいいのか教えてください」
Please tell me (　　)(　　) go tomorrow.

2 次の英文を日本語にしなさい。

(1) You should think about how to spend your time at home. （福井県★）
_____

(2) I will show you how to cook Australian food. （新潟県改）
_____

(3) My mother taught me how to play the piano. （兵庫県改）
_____

3 （　　）内の語句を，日本語を参考にして並べかえなさい。

(1) 「どのくらい本を借りることができますか」 （山梨県★）
(long / I / borrow / can / how / the books)?
_____

(2) 「だから私は何をしていいのか分からなかった」 （熊本県★）
So (to / know / I / do / didn't / what).
_____

4 次の日本語を英文にしなさい。

(1) I go to school by bicycle.――どのくらいの時間がかかりますか？ （鳥取県）
_____

(2) どのくらいの折り鶴を作ったの。 （筑波大学附高改）
_____

(3) 風呂敷（furoshiki）をどのように使うかわからなかった。 （宮城県改）
_____

(4) 彼らは私に野菜の育て方を教えてくれます。 （愛媛県）
_____

注　**2** (1) spend （時間やお金を）使う　**4** (2) 折り鶴 paper crane　(4) 野菜 vegetable　育てる grow

確認問題 4 〈疑問詞〉

1 日本語を参考に，(　　　)内から正しいものを選び，英文を完成させなさい。

(1) 「誰も，次に何をしたらいいのか知らなかった」
Nobody knows (what / when / which) (do / to do / doing) next.

(2) 「アメリカで，どのように球場に行けばいいのか英語で聞かなければならなかった」
In the U.S., I had to ask (when / what / how) (get / to get / getting) to the stadium in English.

(3) 「私はどれを買えばいいのか決められない。ダンスにはどのシューズを買うべきなのだろうか」
I cannot decide (what / when / which) (do / to buy / buying). (What / When / Which) shoes should I buy for dancing?

2 下線部にふさわしい語を下から選び，答えなさい。なお，それぞれ1回しか使えない。

(1) _____ notebook is this? —— It's hers.
(2) _____ dictionaries do you have? —— I have six.
(3) _____ do you know the story? —— Because James told me.
(4) _____ is your brother? —— He is twenty years old.
(5) _____ do you live? —— I live in Sapporo.
(6) _____ will you stay in London? —— About two weeks.
(7) _____ is the computer? —— About 100,000 yen.
(8) _____ my idea? —— I think it's good.
(9) _____ did you come here? —— By car.

> Whose / Why / Where / How much / How / How many /
> How old / How long / How about

3 相手の声がよく聞こえませんでした。例のように，下線部をたずねる英文を作りなさい。

> 例　My birthday is ????
> 　　　　When is your birthday?

(1) I bought ???? yesterday.

(2) I met ???? this morning.

(3) This picture is ???? yen.

(4) I was born in ???? .

(5) I am ???? years old.

(6) This is ???? bag. He bought it yesterday.

4 次の日本語を英語にしなさい。

(1) あなたはいつ，ここに来たのですか。

(2) これは誰の雑誌ですか。

(3) 彼女は私にパンの焼き方を教えてくれた。

　　She taught me _____

(4) 両方とも買いたいな。どちらを選べばいいのか決められない。

　　I want to buy both. _____

11 不定詞 ①

　不定詞とは，「to＋動詞の原形」のことで，主語や時制に関係なく，toの後には動詞の原形がくる。不定詞には「名詞的用法」と「形容詞的用法」，「副詞的用法」の3つの用法がある。

《 名詞的用法「～すること」 》

　不定詞が名詞と同じ働きをし「～すること」という意味となることを，**名詞的用法**という。
　to study →「勉強すること」
　to walk →「歩くこと」
　to drink →「飲むこと」

《 目的語となる名詞的用法 》

　名詞的用法では，次のような動詞の後にくることが多いので，しっかりと覚えておきたい。

want to _do_「_do_ したい」
　I want to go abroad.「私は外国に行きたい」

try to _do_「_do_ しようとする」
　He tried to read this book.「彼はこの本を読もうとした」

begin / start to _do_「_do_ し始める」
　They began to study Chinese.「彼らは中国語を勉強し始めた」
　They started to play soccer.「彼らはサッカーをし始めた」

like to _do_「_do_ するのが好きだ」
　She likes to read books at night.「彼女は夜，本を読むことが好きだ」

《 主語や補語となる名詞的用法 》

　「～すること」という名詞的用法は，主語や補語にもなる。
　To see is to believe.「百聞は一見に如かず（←「見ることは信じることである」）」
　　主語　　補語
　My dream is to be a doctor.「私の夢は医者になることだ」
　　　　　　　補語

出題傾向
- 内容を問う問題が多い
- 英作文の問題も多い
- 並べかえの問題も多い
  want to _do_ が多く出題される。それ以外にも，try to _do_, start to _do_ の出題例も目立つ。

対策　★ want to _do_ などのよくでる表現の理解と暗記をする

1 次の英文には間違いがある。それを直して，英文を書きなさい。

(1) I want to played tennis with you.

(2) He began to cleans his room.

2 次の英文を日本語にしなさい。

(1) I want to take you to Australia. （兵庫県★）

(2) They began to build wells in some small villages. （島根県図）

(3) I will try to think about the people around me. （福岡県★）

3 (　　　)内の語句を，日本語を参考にして並べかえなさい。

(1) 「私は夜に自転車を使うことは好きではない」 （和歌山県★）
I (a / like / bike / use / don't / to) at night.

(2) 「あなたが見たい新しい映画があるときに，ビデオが発売されるまで待てますか」
When there is (want / a / watch / movie / to / you / new), can you wait until the video is released? （鳥取県）

(3) 「すぐに，彼は細菌学(bacteriology)の研究が面白いと考え始めました」 （香川県★）
Soon, (to / that / study / began / the / think / he) of bacteriology was interesting.

4 次の日本語を英文にしなさい。

(1) 彼は海外に行きたい。 （徳島県図）

(2) スミス先生と話したい人は，図書館まで来てください。 （山口図）
Please come to the library, _____

(3) ボクの夢は，将来，プロ野球選手になることだ。 （大教大附高平野図）

注　**2** (2) well 井戸　village 村　**3** (2) released < release 「発売する」の過去分詞形
　　4 (3) 野球選手 a professional baseball player　将来 in the future

12 不定詞 ②

《《 副詞的用法 》》

中学校の段階では，次の2つの用法を理解しておきたい。

（目的）

前の動詞を飾り，「～するために」という意味を表す。

I went to the park to walk my dog.「私は犬を散歩させるために，公園に行った」

（原因）

直前の形容詞を飾り，「～して」という意味を表し，直前の形容詞を飾る。次の形容詞との組み合わせがよく出題される。

be happy to *do* 「*do* してうれしい」「*do* して幸せだ」
　I am happy to meet you.「あなたに会えて，幸せだ」

be glad to *do* 「*do* してうれしい」
　My son was glad to see the lion.「息子はライオンを見て，うれしかった」

be sad to *do* 「*do* して悲しい」
　They must be sad to hear the news.「その知らせを聞いて，彼らは悲しいに違いない」

《《 形容詞的用法 》》

「～するための」「～すべき」という意味を表し，直前の名詞を飾る。

I want something to drink.「私は飲むものが欲しい」

I have many friends to play with.「私はたくさんの遊ぶ友だちがいます」

ポイント

副詞的用法：動詞との結びつきが強い
形容詞的用法：名詞を飾る

出題傾向
- 内容を問う問題の問題が多い（副詞的用法）
- 並べかえの問題も多い（形容詞的用法）
- 英作文の問題も多い
　形容詞的用法で something や nothing を飾る問題が出題されることが多い

対策
★不定詞の用法を読みとる
★副詞的用法は，英作文ができるように日頃から挑戦する

1 日本語を参考にAとBとをつなげ，英文を完成させなさい。

A
- She has a lot of homework
- I am glad

B
- to do today
- to see you

(1)「彼女は今日すべき宿題が多くある」

_____

(2)「私はあなたに会えて，光栄です」

_____

2 次の英文を日本語にしなさい。

(1) Takahiro and Ryohei went to the town library to do their science homework. (徳島県★)

_____

(2) I'm happy to play baseball with my friends on this team. (佐賀県図)

_____

(3) These cats owners will do anything to keep their pets healthy and happy. (市川高)

_____

3 (　　　)内の語句を，日本語を参考にして並べかえなさい。

(1)「私はコンサートを楽しみたかったが，行く時間がなかった」 (石川県図)
I wanted to enjoy the concert, but I (go / time / had / no / to).

_____

(2)「ごみを分別することは，リサイクルのためにするべき最初のことです」 (愛知県)
Separating (the / thing / do / to / is / first / for / garbage) recycling.

_____

(3)「彼は美しい写真をとるために，オーストラリアへ行きました」 (駒込高)
He (beautiful / Australia / to / went / take / to) pictures.

_____

4 次の日本語を英文にしなさい。

(1) 野球の試合を見るために，アメリカへ行く人もいる。 (奈良県)
Some people _____

(2) その知らせを聞いて，本当に驚いちゃった。 (大阪女学院高)

_____

(3) 電車の中で何か読むものを買いたいんだ。 (佐賀県図)

_____

注　**2** (3) owner 飼い主　healthy 健康な
　　3 (2) separate 分ける　garbage ごみ　recycling リサイクル

確認問題5 〈不定詞〉

1 AとBとをつないで英文を作り，その英文を日本語にしなさい。

A	B
There are a lot of places I went to Tokyo I was sad	to buy new clothes to visit in Kyoto to hear the news of his death

英　語：＿＿＿＿＿＿＿＿＿＿＿＿＿＿＿＿＿＿＿＿＿＿＿＿＿＿＿＿＿＿＿＿＿＿

日本語：＿＿＿＿＿＿＿＿＿＿＿＿＿＿＿＿＿＿＿＿＿＿＿＿＿＿＿＿＿＿＿＿＿＿

英　語：＿＿＿＿＿＿＿＿＿＿＿＿＿＿＿＿＿＿＿＿＿＿＿＿＿＿＿＿＿＿＿＿＿＿

日本語：＿＿＿＿＿＿＿＿＿＿＿＿＿＿＿＿＿＿＿＿＿＿＿＿＿＿＿＿＿＿＿＿＿＿

英　語：＿＿＿＿＿＿＿＿＿＿＿＿＿＿＿＿＿＿＿＿＿＿＿＿＿＿＿＿＿＿＿＿＿＿

日本語：＿＿＿＿＿＿＿＿＿＿＿＿＿＿＿＿＿＿＿＿＿＿＿＿＿＿＿＿＿＿＿＿＿＿

2 日本語を参考に，（　　　）内を正しい語順に並べ直しなさい。

(1) 「私は電車の中で読むための本を買った」

I bought (to / some / in the train / books / read).

＿＿＿＿＿＿＿＿＿＿＿＿＿＿＿＿＿＿＿＿＿＿＿＿＿＿＿＿＿＿＿＿＿＿＿＿＿

(2) 「彼女は今日すべき宿題が多くある」

She (today / to / a lot of / has / do / homework).

＿＿＿＿＿＿＿＿＿＿＿＿＿＿＿＿＿＿＿＿＿＿＿＿＿＿＿＿＿＿＿＿＿＿＿＿＿

(3) 「私は何か食べるものを買いたい」

(buy / eat / something / to / I / to / want).

＿＿＿＿＿＿＿＿＿＿＿＿＿＿＿＿＿＿＿＿＿＿＿＿＿＿＿＿＿＿＿＿＿＿＿＿＿

(4) 「あなたからの手紙を受け取り，幸せです」

(to / happy / I / your letter / am / receive).

＿＿＿＿＿＿＿＿＿＿＿＿＿＿＿＿＿＿＿＿＿＿＿＿＿＿＿＿＿＿＿＿＿＿＿＿＿

(5) 「その少年は家族を助けるために働き始めた」

(began / work / the boy / to / help / his family / to).

＿＿＿＿＿＿＿＿＿＿＿＿＿＿＿＿＿＿＿＿＿＿＿＿＿＿＿＿＿＿＿＿＿＿＿＿＿

3 例のように，「○○は，△△高校に〜するために入りたい」となるように，英文を完成させなさい。ただし「〜するために」の部分は下の囲みから適当なものを選んで書きなさい。

例　　I (want / wants) to enter *Higashi* high school *to study science.*

(1) _____ (want / wants) to enter _____ high school _____

(2) _____ (want / wants) to enter _____ high school _____

(3) _____ to enter _____ high school _____

(4) _____ to enter _____ high school _____

(5) _____ high school _____

> play sports / study English / enjoy club activities / make friends /
> learn mathematics / do volunteer activities / study abroad /
> get into a famous university / join the dance club

4 例のようにXと下の囲みを参考にして，次の日本語を英文にしなさい。

X：I [　A　] [　　B　　].

A	B
want　tried began　like	go abroad / say, "I love you" / write letters / play tennis / study English / clean my room / go to the movies

例　私は，映画に行きたい。
　　I want to go to the movies.

(1) 私は「愛している」と言おうとした。

(2) 私はテニスを始めた。

(3) 私は手紙を書くのが好きだ。

(4) 私は英語の勉強がしたい。

(5) 私は部屋の掃除が好きだ。

13 現在完了 ①

現在完了とは，**have [has]＋過去分詞**の形で表される。基本的には，**「～という現在の状況を持っている」**という意味だが，3つの用法（意味）に分けることができる。どの用法か迷ったら，「～という現在の状況を持っている」と考え，あてはまる用法を考えてみることもいいだろう。

(1) 継続「(ずっと)～している」

現在もその状況が続いているという状況を表す。

I have played the piano for five years.

　基本的な意味：私は5年間，ピアノを弾いているという現在の状況を持っている。
　自然な日本語：私は5年間，ピアノを弾いている。
　この用法のときには，for（～の間）やsince（～から）という語がつくことがある。
　特徴的な動詞：know（知っている），learn（学ぶ），have been in ～（～にいる），
　　　　　　　　　want（～したい），live in ～（～に住んでいる）

(2) 完了「～したところだ」「～してしまった」

何かがすでに終わっているという状況を表す。

I have already finished reading the book.

　基本的な意味：私はすでにその本を読み終えたという現在の状況を持っている。
　自然な日本語：私はすでにその本を読み終えた。
　この用法のときには，already（すでに），just（ちょうど），yet（まだ，もう）という語を伴うことがある。
　特徴的な動詞：finish（終える），get（得る）

(3) 経験「～したことがある」

今までに経験したことがあるという意味を表す。

I have seen her before.

　基本的な意味：私は彼女と以前に会ったという現在の状況を持っている。
　自然な日本語：私は彼女と以前に会ったことがある。
　この用法のときには，before（以前に），never（1度も～ない），ever（今までに），often（よく），once（1回）など回数を表す表現を伴うことがある。
　特徴的な動詞：have been to ～（～に行ったことがある），read（読む），see（会う）

出題傾向
- 内容を問う問題が多い（副詞的用法）
- 並べかえの問題も多い（形容詞的用法）
- 英作文の問題も多い

対策
★ 日本語訳で満足せず，現在完了の役割を理解する
★ 前後の文脈や，alreadyやbeforeなどの語を見て，現在完了の用法を判断する

1 〈　〉の動詞を適切な形に直し（　　）内に入れなさい。

(1) She has (　　) in Hawaii for ten years. 〈 live 〉

(2) The train has just (　　) the station. 〈 leave 〉

2 次の英文を日本語にしなさい。

(1) Tatsuya said, "I've brought many pictures I took in Japan."

(2) We have learned that it is important to use our time well.　　　　　　　　（富山県★）

(3) I've wanted to see a Japanese castle.　　　　　　　　（富山県★）

3 (　　)内の語句を，日本語を参考にして並べかえなさい。

(1) 「彼らはちょうど，太鼓をたたき終えた」　　　　　　　　（北海道★）
(have just / they / playing / finished) the *taiko*.

(2) 「その店は1980年からここで営業しています」
The store (open / since / has / here / been) 1980.　　　　　　　　（立教新座高改）

(3) 「彼女は自分が行った都市の地図を保存している」　　　　　　　　（早稲田実業高改）
She (the maps of the cities/ visited / kept / has / she / that).

4 次の日本語を英文にしなさい。

(1) 私は風邪をひいてしまいました。　　　　　　　　（静岡県改）

(2) 私は7年間，空手と柔道(*karate* and *judo*)を練習しています。　　　　　　　　（山梨県改）

(3) ここに来てから10か月ほどが過ぎました。　　　　　　　　（筑波大学附高）

注　**2** (3) castle　城　　**3** (3) map　地図　　**4** (2) 練習する　practice　　(3) 過ぎる　pass

14 現在完了 ②

《 現在完了の否定文と疑問文 》

否定文

　否定文にするときには，**have**の後に**not**か**never**を入れる（cf.「現在完了①(3)」）。notは普通の否定だが，neverは「一度も～したことがない」（経験）という強い否定になる。

　I have caught a cold this winter.「私はこの冬，風邪をひきました」
　→ I have **not** caught a cold this winter.「私はこの冬，風邪をひきませんでした」

　have notやhas notはそれぞれ，haven't，hasn'tと短縮することができる。また，否定文でyetが使われると，「その時点までの完了」の否定，つまり**「まだ～（ない）」**（未完了，未体験）という意味になる。

　I haven**'t** finished reading the book **yet**.「私はその本をまだ読み終えていない」

疑問文

　疑問文にするときには，**have [has]** を文の最初に出す。そして，それに答えるときには，have [has] を用いる。

　Have you ever *met* my father?「あなたは今までに父に会ったことはありますか」
　Yes, I **have**. / No, I **have not [haven't]**.

　疑問文でyetが使われると，「その時点までの完了」の疑問，つまり**「もう～したか」**という意味になる。

　Has she eaten breakfast **yet**?「彼女はもう朝食を食べましたか」

《 注意すべき現在完了 》

have been to ～「～に行ったことがある」「～へ行ってきたところだ」………………
　I **have been to** London twice.「私はロンドンに2回行ったことがある」

have been in ～「～にいる」「～にいたことがある」………………………………
　I **have been in** Okinawa for a month.「私は1か月沖縄にいます」

疑問詞を使う現在完了 ………………………………………………………………
　疑問詞がついたときには，疑問詞の後は疑問文の語順と同じになる。

　How long *have* you *played* the piano?「どのくらいピアノを弾いているのですか」
　How many times *have* you *been* to London?「ロンドンには何回行ったことがあるの？」
　── Three times.「3回です」

出題傾向
- 疑問文や否定文の並べかえの問題が多い
- 英作文の問題も多い
- 内容を問う問題も多い

対策 ★疑問文や否定文の例文を覚え，その形を理解しておく

1 次の英文を疑問文と否定文にしなさい。

She has studied French for two years.

疑問文：_____

否定文：_____

2 次の英文を日本語にしなさい。

(1) I am hungry, because I have not eaten breakfast yet.

_____

(2) Have you ever seen the movie *"Harry Potter"*?

_____

3 (　　) 内の語句を，日本語を参考にして並べかえなさい。

(1) 「あなたは今までにそこに行ったことがありますか」　　　　　　　　　　　　　　　　（宮城県★）
(ever / there / have / been / you)?

_____

(2) 「どのくらい日本にいるのですか」　　　　　　　　　　　　　　　　　　　　　　　　（岡山県★）
(been / have / how / in / long / you) Japan?

_____

(3) 「私はこのような大きな魚を釣ったことがない」
I have (this / a / like / never / fish / got / big).

_____

4 次の日本語を英文にしなさい。

(1) 《高校の教科書が話題で》新しい本（教科書），いくつか読んでみたい。　　　　　　　　（佐賀県）

_____

(2) 富山に住んでどのくらいになりますか。　　　　　　　　　　　　　　　　　　　　　（富山県改）

_____

(3) 私はチャップリン（Chaplin）の映画を見たことがありません。　　　　　　　　　　　（群馬県）

_____

(4) ぼくは中国に行ったことはありませんが，そこに行きたいです。　　　　　　　　　　（香川県）

_____

注　**2** (1) hungry 空腹な　(2) Harry Potter ハリー・ポッター　**4** (1) 教科書 textbook

確認問題6 〈現在完了〉

1 (1)〜(3)は日本語を参考に, (　　　　) 内の正しいものを選び, 英文を完成させなさい。(4), (5)は正しい語順に並べかえなさい。

(1) 「私はすでに部屋の掃除をした」
I have (yet / once / already) (clean / cleaned / cleaning) my room.
_____

(2) 「私はカナダに行ったことがない」
I (don't have / have not / don't haven't) (be / been / being) to Canada.
_____

(3) 「以前に彼と会ったことがありますか」
(Do you have / Have you / Do have you) met him (already / before / just)?
_____

(4) 「私たちは2001年から札幌にいます」
We (been / since / in / Sapporo / have) 2001.
_____

(5) 「妹は4年間, ピアノを弾いています」
My sister (for / the piano / has / played / four years).
_____

2 次の対話が完成するようふさわしい文を下から選び, 書きなさい。

(1) _____ —— For four years, but I will move next month.

(2) _____ —— Yes. I enjoyed fish and chips there.

(3) _____ —— No, but I want to see him.

(4) _____ —— Only once. It was very hard.

(5) _____ —— Yes. That's pretty good.

(6) _____ —— A doctor. It was her dream.

What has she become?	How long have you lived in Tokyo?
Have you ever been to England?	Have you ever watched the movie?
Have you met my father yet?	How many times have you climbed Mt. Fuji?

3 例のように，下の囲みを参考にして(1)～(6)は自分のことを，(7)～(9)は友だちのことを書いてみよう。

例) I _have played the guitar_ (since / for) _three years_ .

(1) I _____ (since / for) _____ .

(2) I _____ (since / for) _____ .

(3) I _____ often _____ .

(4) I _____ often _____ .

(5) I _____ not _____ yet.

(6) I _____ not _____ yet.

(7) _____ (since / for) _____ .

(8) _____ often _____ .

(9) _____ not _____ yet.

```
(1)(2)(7)： play the guitar / be busy / study English / play baseball / live in ...
(3)(4)(8)： listen to J-Pop / see my teacher in the station /
           write letters to friends / watch an old movie on TV
(5)(6)(9)： go abroad / see the Disney movies / finish my homework /
           visit Tokyo Disney Resort
```

4 次の日本語を英語にしなさい。

(1) 私は2年間，この博物館で働いている。

_____

(2) 彼はちょうど，コンピュータを使い終えたところだ。

_____

(3) あなたは今までに，アイスホッケーをしたことがありますか。

_____

(4) どのくらい，あなたはここで働いているのですか。

_____

15 SVO（第3文型）

第3文型(SVO)とは，「〜を[に]」という目的語を必要とする文型である。

> 例　I know him.「私は彼を知っている」　目的語＝him
> 　　 S　V　 O

目的語(O)が，that節であるケースや，「疑問詞＋to不定詞」のケースが頻出で，注意が必要である。

(1) SVO（O=that節）

目的語が**that節**であり，that節が「〜(ということ)を」という意味となる。thatが省略されることもあるので，その点は注意したい。

I know (that) he is a football fan.「私は彼がサッカーファンだと知っている」
実際にthat節が出てきたら，[　]でくくると，分かりやすい。

She knew [that his name was Tom].「彼女は，彼の名前がトムだと知っていた」

並べかえの問題では，このthatが省略されているケースが目立つ。そのため，日本語や文章の流れなどから，主語と動詞との関係を見抜くことが要求される。

think, find, learn, hope, know, sayなどがthat節を目的語とすることが多い（⇨p.14）。

(2) SVO（O＝疑問詞＋to不定詞）

目的語が「**疑問詞＋to不定詞**」であり，基本的な意味は「**疑問詞の意味＋〜したらよいのか(〜すべきか)**」という意味である。

I don't know　　　when to go.（いつ行ったらいいのか）
（私は知らない）　　what to do.（何をしたらよいのか）
　　　　　　　　　where to go.（どこに行ったらよいのか）
　　　　　　　　　who to believe.（誰を信じたらよいのか）
　　　　　　　　　which to choose.（どちら[どれ]を選んだらいいのか）
　　　　　　　　　how to use a computer.（どのようにコンピュータを使ったらいいのか）

並べかえ問題や，英文和訳(内容を問う問題)で出題されるケースも多いので，「**疑問詞＋to不定詞**」をグループと考えて，そのグループを◯で囲み，問題に取り組むといいだろう。

I don't know | when to go |.「私はいつ行ったらいいのか知らない」

know, tell, find, ask, thinkなどが「疑問詞＋to不定詞」を目的語とすることが多い（⇨p.34）。

出題傾向
- 内容を問う問題が多い
- 並べかえの問題も多い
- 英作文の問題も多い

対策
★ 目的語がthat節であれば[　]で，疑問詞＋to不定詞であれば◯で囲む
★ 並べかえでは，日本語や文章の流れを参考に，主語と動詞を最初に考える

1 日本語を参考に（　　）内に適切な語を入れなさい。

(1) 「仕事は終わったが，次に何をしたらいいのか分からない」
I finished the job, but I don't know (　　　　) to do next.

(2) 「彼女はどれを着たらいいか，分かりませんでした」
She didn't know (　　　　) to wear.

2 次の英文を日本語にしなさい。

(1) I thought Japanese people always drink green tea in a special way. （埼玉県★）

_____

(2) I knew her smile and kind words helped me. （石川県★）

_____

(3) I hope I will have good encounters with others in my job. （石川県★）

_____

3 （　　）内の語句を，日本語を参考にして並べかえなさい。

(1) 「私は私たちの市が日本でいちばんきれいになると信じています」 （大分県★）
I (become / our city / believe / will) the cleanest in Japan.

(2) 「サトシは明日のパーティに来ると思う？」 （沖縄県改）
Do you (that / come / Satoshi / will / think / to the party) tomorrow?

_____

(3) 「彼女は今まで1度も約束を破ったことがないそうだ」 （実践学園高）
They (broken / has / she / her / promise / never / say / that).

_____

4 次の日本語を英文にしなさい。

(1) 多くの人が来てくれるといいですね。 （三重県改）

_____

(2) この体験(this experience)は役に立つと思う。 （三重県改）

_____

(3) 私は以前に彼女に会ったことがあると思います。 （大阪女学院高）

_____

注　**2** (1) green tea 緑茶　special 特別な　(3) encounter 出会い　job 仕事
3 (1) clean きれい　(3) They say that ... …だそうだ　promise 約束　**4** (2) 役に立つ useful

51

16 SVOO（第4文型）

第4文型とは，2つの目的語を必要とする文型である。

Jimmy gave Mary this doll.「ジミーはメアリーにこの人形をあげた」
      O₁   O₂

O₁ (Mary)： **間接目的語** 「〜に」という意味……動作と間接的な関係
O₂ (this doll)： **直接目的語** 「…を」という意味……動作と直接の対象

```
            O₁：間接目的語
              (Mary)
 動詞 ─────────────────→ O₂：直接目的語
(gave)                     (this doll)
```

このように第4文型では「$\overset{O_1}{\sim}$ に」「$\overset{O_2}{\cdots}$ を」という2つの目的語を必要とする。O₁の「〜に」は主に"人"が，O₂の「…を」には"物"がくる。

《《 注意したい第4文型 》》

第4文型では，O₂に**(1)"to不定詞"**や**(2)"疑問詞+to do"**がくることがある。

(1) O₂ = to不定詞
次の動詞と組み合わせて，そのままの形で覚えた方がいいだろう。

want $\overset{人}{\sim}$ to do「〜に do して欲しい」..
I want you to visit here again.「あなたにここを再び訪れて欲しい」

tell $\overset{人}{\sim}$ to do「〜に do するよういう」..
She told me to listen to this CD.「彼女は私にこのCDを聞くようにいった」

ask $\overset{人}{\sim}$ to do「〜に do してほしいという[頼む]」..........................
They asked her to sing the song.「彼らは，彼女にその歌を歌ってほしいといった」

(2) O₂ = 疑問詞 + to do
"疑問詞 + to do"については，p.34を参照。この部分を「…を」と考える。
She taught me how to dance .「彼女は私に踊り方を教えてくれた」
He showed me where to buy a ticket .
「彼は私にどこでチケットを買えばいいのか教えてくれた」

出題傾向
- 並べかえの問題が多い
  want $\overset{人}{\sim}$ to do, give, tell, teach, show, askが中心
- 内容を問う問題も多い
  O₂ = how to do, want $\overset{人}{\sim}$ to do, 動詞はteach, tell, show, giveが中心
- 英作文の問題も多い

対策 ★第4文型で使われる動詞を覚え，O₁とO₂が何かを見抜いて，意味を考える

1 日本語を参考に，(　　)内に適切な語句を右から選び，入れなさい。

(1) 「私は母にペンをあげた」
I gave (　　　　　) (　　　　　).

(2) 「私は彼にこのカメラを買ってやった」
I bought (　　　　　) (　　　　　).

him / my mother / a pen / this camera

2 次の英文を日本語にしなさい。

(1) Proverbs give us advice and tell us something about our life. (岡山県★)
_____

(2) I want you to speak about your experience in English in the next class. (三重県★)
_____

(3) Can you teach me how to play the trumpet well? (兵庫県★)
_____

3 (　　)内の語句を，日本語を参考にして並べかえなさい。

(1) 「ユキ，千羽鶴の折り方を私に見せてくれますか」 (茨城県★)
Yuki, (make / you / how / me / can / show / you) *sembazuru*?
_____

(2) 「好きなことをなんでも私に聞いてちょうだい」 (静岡県★)
Please (me / you / ask / like / anything).
_____

(3) 「あなたに家での生活について話してもらいたい」 (香川県★)
(want / tell / I / me / about / you / to) your life at home.
_____

4 次の日本語を英文にしなさい。

(1) 私は私の生徒に自分の夢を話してほしい。 (長崎県国)
_____

(2) 郵便局への行き方を教えていただけますか？ (大阪女学院高)
_____

(3) 何か食べたいものとか，してほしいことない？ (桐朋高)
_____

注　**2** (1) proverb ことわざ　advice アドバイス　(2) experience 経験　(3) trumpet トランペット
4 (2) 郵便局 post office

17 SVOC（第5文型）

第5文型とは，目的語と補語とを必要とする文型である。

We call <u>our teacher</u> <u>Bill</u>.「私たちは先生をビルと呼びます」
　　　　　O　　　　　　C

O（our teacher）：**目的語**「〜を[が]」という意味

C（Bill）：**補語**「…と[に]」という意味

第5文型の補語とは，目的語の状態や様子を説明する役割を持っているので「OがCである[Cになる]」。例文ならば，「our teacher が Bill である」となる。

　問題として出てくる動詞はそれほど多くないので，次の動詞を覚えておくといい。

make O C「OをCにする」
　I made her my secretary.「私は彼女を自分の秘書にした」

call O C「OをCと呼ぶ」
　We call the kitten "Chiroru".「私たちはその子ネコをチロルと呼ぶ」

find O C「OがCだと分かる」
　I found the book difficult.「私はその本が難しいと分かった」

name O C「OをCと名付ける」
　They named his son William.「彼らは息子をウイリアムと名付けた」

choose O C「OをCに選ぶ」
　They chose Mr. White chairman.「彼らはホワイト氏を議長に選んだ」

SVOOとSVOCとの見分け方

2つの文型は，意味などで見分けることができる。

第4文型：「O_1 に O_2 を」　　$O_1 \neq O_2$

第5文型：「〜を[が]…と[に]」　$O = C$

She made me chocolate cake.　me ≠ chocolate cake → 第4文型
「彼女は私にチョコレートケーキを作ってくれた」

She made me happy.　　　　　me ＝ happy → 第5文型
「彼女は私をうれしい気持ちにした」

出題傾向
- 内容を問う問題が多い
- 並べかえの問題も多い
- 英作文の問題も多い
　　make O C と call O C が出題されることが多い

対策 ★第4文型か第5文型かを見抜き，第5文型は動詞とセットで覚える

1 次の英文が第4文型か，第5文型かを答えなさい。
(1) He showed me the picture yesterday. （　　　）文型
(2) We call the dog Hana. （　　　）文型

2 次の英文を日本語にしなさい。
(1) She called the dog "my friend."　（新潟県＊）

(2) Walking with him made me relaxed and happy.　（石川県＊）

(3) I believe sports make us strong.　（島根県図）

3 （　　）内の語句を，日本語を参考にして並べかえなさい。
(1) 「私は旅行は私たちを幸せにすると思います」　（大分県＊）
I think (us / a trip / happy / makes).

(2) 「今日，私たちが利用している科学技術は私たちの生活をよりよくしています」　（福島県＊）
Today the technology (lives / makes / which / our / use / better / we).

(3) 「彼女はその歌を聞くと，とても悲しい気分になります」　（穎明館図）
(her / the song / to / sad / listening / very / makes).

4 次の日本語を英文にしなさい。
(1) 私のことをケンと呼んでください。　（三重県図）

(2) 彼はその島の人々をインディアンと呼んだのです。　（海城高図）

(3) 彼らの優しい言葉はいつも私を幸せにします。　（愛媛県）

注　**2** (2) relaxed　リラックスした　**3** (2) technology　科学技術　(3) sad　悲しい
　　4 (2) 島　island　インディアン　Indian　(3) 言葉　words

確認問題7 〈SVO・SVOO・SVOC〉

1 AとBとをつないで英文を作り,その英文を日本語にしなさい。

A	B
She taught	our homeroom teacher "Mr. White"
I think	us how to play *Shogi*
We call	that he will win the race

英　語：＿＿＿＿＿＿＿＿＿＿＿＿＿＿＿＿＿＿＿＿＿＿＿＿＿＿＿＿＿＿＿＿＿

日本語：＿＿＿＿＿＿＿＿＿＿＿＿＿＿＿＿＿＿＿＿＿＿＿＿＿＿＿＿＿＿＿＿＿

英　語：＿＿＿＿＿＿＿＿＿＿＿＿＿＿＿＿＿＿＿＿＿＿＿＿＿＿＿＿＿＿＿＿＿

日本語：＿＿＿＿＿＿＿＿＿＿＿＿＿＿＿＿＿＿＿＿＿＿＿＿＿＿＿＿＿＿＿＿＿

英　語：＿＿＿＿＿＿＿＿＿＿＿＿＿＿＿＿＿＿＿＿＿＿＿＿＿＿＿＿＿＿＿＿＿

日本語：＿＿＿＿＿＿＿＿＿＿＿＿＿＿＿＿＿＿＿＿＿＿＿＿＿＿＿＿＿＿＿＿＿

2 (1)〜(3)は日本語を参考に(　　　)内の英語を並べかえなさい。(4), (5)は英文を日本語にしなさい。

(1)「旅行は楽しかったでしょうね」
　　(hope / enjoyed / I / the trip / you).
　　＿＿＿＿＿＿＿＿＿＿＿＿＿＿＿＿＿＿＿＿＿＿＿＿＿＿＿＿＿＿＿＿＿＿＿

(2)「私はあなたに私の気持ちを理解してもらいたい」
　　(my feelings / want / I / to / you / understand).
　　＿＿＿＿＿＿＿＿＿＿＿＿＿＿＿＿＿＿＿＿＿＿＿＿＿＿＿＿＿＿＿＿＿＿＿

(3)「その映画は,ジェイムズを国際的なスターにした」
　　(James / the film / an international star / made).
　　＿＿＿＿＿＿＿＿＿＿＿＿＿＿＿＿＿＿＿＿＿＿＿＿＿＿＿＿＿＿＿＿＿＿＿

(4) They named their dog "Sakura", because it is the name of their favorite TV star.
　　＿＿＿＿＿＿＿＿＿＿＿＿＿＿＿＿＿＿＿＿＿＿＿＿＿＿＿＿＿＿＿＿＿＿＿

(5) My father asked me to drive her to the station because it was rainy.
　　＿＿＿＿＿＿＿＿＿＿＿＿＿＿＿＿＿＿＿＿＿＿＿＿＿＿＿＿＿＿＿＿＿＿＿

3 例のように _____ には人を，～～～ にはその人にしてほしいことを書いて，英文を完成させなさい。なお，下の囲みを参考にしてもかまわない。

例　I want _James_ ～_to visit here again_～.

(1) I want _____ ～～～～～～～～～～～～～.
(2) I want _____ ～～～～～～～～～～～～～.
(3) I want _____ ～～～～～～～～～～～～～.
(4) I want _____ ～～～～～～～～～～～～～.
(5) I want _____ ～～～～～～～～～～～～～.
(6) I want _____ ～～～～～～～～～～～～～.

> join our team ／ buy clothes for me ／ respond to emails quickly ／
> teach me mathematics ／ study more ／ be kind to small children ／
> understand me more ／ make lunch for me

4 次の日本語を英語にしなさい。

(1) 彼は私に部屋を掃除するように頼みました。

_____

(2) 私は，彼はよい選手だと思います。

_____

(3) その知らせは私を悲しくさせた。

_____

(4) 私はどこへ行けばいいのか分かりません。

_____

確認問題7

18 比較表現 ①

比較の形式は「原級」「比較級」「最上級」に分けられる。原級とは2つを比べて，「AはBと同じくらい〜」，比較級とは2つを比べて「AよりもBの方が」，最上級は3つ以上の中で，「Aがいちばん〜」というのが基本的な使い方である。

《《 比較級 》》

(比較級の基本)

比較級とは2つのもの(AとB)を比べて，**「Aの方が(Bよりも)〜だ」**と比較することである。それを，"**A ... 比較級 than B.**"で表す。比較級は -er, more ___ で表す。

Hokkaido is larg**er than** Tokyo.「北海道は東京よりも大きい」
This watch is **more** expensive **than** that one.「この時計はあれよりも高価だ」

(注意が必要な比較級)

goodやwellの比較級はbetter, muchやmanyの比較級はmoreとなる。(このmoreは比較級につくmoreとは違う)

{ He plays baseball **well**.「彼は野球を上手にする」
{ He plays baseball **better than** Tom.「彼はトムよりも上手に野球をする」

{ She has **much** money.「彼女はたくさんのお金を持っている」
{ She has **more** money **than** Mary.「彼女はメアリーよりたくさんのお金を持っている」

(than 〜 のない比較級)

(1) **than 〜が分かりきっているケース** ·············

This hat is too small. Will you show me a little *larger* one?
「この帽子は小さすぎる。もう少し大きな帽子を見せてくれますか」
これはoneのあとに，"than this hat"が省略されていると考えられる。だが，流れの中で，"than this hat"(この帽子よりも)というのが明らかなので，省略している。

(2) **漠然と程度が高いことを示している** ·············

He tries to grow *safer* vegetables for the people who eat them.
「彼は，それを食べる人のために，安全な野菜を育てようとしている」
これは，名詞の前に比較級がおかれることが多い。このsafer vegetablesは何かと比較して「安全」というのではなく，「より安全な」という程度が高いことを示している。

出題傾向	● 内容を問う問題が多い
	● 英作文の問題も多い
対策	★ 基本を覚えた上で，than 〜が省略されているケースにもなれておく

1 次の語を比較級にしなさい。
(1) small　　　[　　　　　　　　　　　]
(2) much　　　[　　　　　　　　　　　]
(3) beautiful　[　　　　　　　　　　　]
(4) good　　　[　　　　　　　　　　　]

2 次の英文を日本語にしなさい。
(1) Now, American people eat more vegetable than Japanese people.　(熊本県★)
_____

(2) I wanted to learn more about Japanese culture and language.　(滋賀県★)
_____

(3) Breakfast gives us energy and then our brain works better.　(石川県★)
_____

3 (　　)内の語句を、日本語を参考にして並べかえなさい。
(1) 「私はトムよりも速く泳ぐことができる」
(can / I / Tom / faster / swim / than).
_____

(2) 「彼は、西海岸は東海岸よりもサーフィンによい、という」　(巣鴨高★)
He says (the east coast / the west coast / surfing / is / than / better for).
_____

(3) 「彼女はクラスのどの女子よりも背が高い」　(実践学園高)
She (taller / any / than / girl / is / in / other) her class.
_____

4 次の日本語を英文にしなさい。
(1) そのサボテンは(= they)この家よりも背が高いんだ。　(宮城県)
_____

(2) (This T-shirt is a little small.) もう少し大きいものを見せてくれませんか。　(鳥取県)
_____

(3) 私たちは、私たちの文化祭に訪れる人々に、これらの動物についてもっと知ってもらいたい。　(大阪府)
_____
_____

注　**2** (1) vegetable 野菜　(3) energy エネルギー　brain 脳　**4** (3) 文化祭 school festival

19 比較表現 ②

《《 原級 》》

原級とは2つのもの(AとB)を比べて，「AはBと同じくらい〜だ」と程度が等しいことを表すことである。それを，**A ... as 〜 as B.** で表す。

He is as tall as his father.「彼は父親と同じくらい背が高い」
John plays baseball as well as Jim.「ジョンはジムと同じくらい上手に野球をする」

(A ... not as 〜 as B)

as 〜 as の前にnotをつけることにより，「AはBほど〜でない」という意味になる。
Mary cannot play the piano as well as Cathy.
「メアリーはキャシーほどピアノを上手に弾けない」
このnot as 〜 as は比較級でいいかえることができる。
Cathy can play the piano better than Mary.
「キャシーはメアリーよりもピアノを上手に弾ける」

(倍数表現)

A is 倍数詞 as 〜 as B. で「AはBの〜倍だ」と表すことができる。倍数詞は，半分(1/2)であれば **half**，2倍なら **twice**，3倍以上は **three times** のように "**数字＋times**" を用いる。

Ed is twice [half] as strong as I.「エドは私の2倍の力がある[半分の力だ]」
My brother has three times as many books as I.「兄は私の3倍の本を持っている」

(as 〜 as *one* can [possible])

後ろのasのあとに*one* can [possible] をつけることで，「**できるだけ〜**」という意味を表す。*one*はIやyouなど，動作をする人が入る。この*one* canはpossibleにしても同じ意味である。

Please come as early as you can.「できるだけ早く来てください」
I opened the door as quietly as possible.「私はできるだけ静かにドアを開けた」

出題傾向
- 並べかえの問題が多い
- 内容を問う問題も多い
- 英作文の問題も多い
  公立入試だと，as well as, as much asなどの基本的なもの，倍数表現が出題される傾向がある。難関私立では，原級を比較級に書き換えさせる問題も出てくる。
- 倍数の表し方を理解する

対策
★ よく出されるas well asやas much asなどの問題になれておく
★ as 〜 as *one* can [possible]の使い方を覚えておく

1 日本語を参考に（　　）内の語を使って，英文を完成させない。

(1)「メアリーは母親と同じくらい背が高い」
Mary is _____ her mother.（tall）

(2)「ビルはジムと同じくらい速く走る」
Bill runs _____ Jim.（fast）

2 次の英文を日本語にしなさい。

(1) Bill has four times as much money as Kate.
_____

(2) I'd like to play volleyball as well as these players.　　　　　　　　　　　（大阪府★）
_____

3 （　　）内の語句を，日本語を参考にして並べかえなさい。

(1)「彼は私の兄と同じくらいの年だ」
He (my brother / as / as / old / is).
_____

(2)「私は英語と同じくらい数学が好きだ」　　　　　　　　　　　　　　　　（愛媛県★）
I like (as English / much / math / as).
_____

(3)「私はタケシほど上手に野球ができない」　　　　　　　　　　　　　　　（千葉県★）
I (well / as / play / can't / baseball) as Takeshi.
_____

(4)「その魚は，私の手の2倍の大きさでした」　　　　　　　　　　　　　　（香川県★）
The fish was (large / hand / as / as / my / twice).
_____

4 次の日本語を英文にしなさい。(2)は下線部を英文にしなさい。

(1) 亮子(Ryoko)はRichardと同じくらい一生懸命数学を勉強する。　　　　（法政二高）
_____

(2) 母はフルーツ・カービング(fruit carving)を作るのが得意で，それらは，このフルーツ・カービングと同じくらい美しい。　　　　　　　　　　　　　　　　　　　　　　（群馬県改）
_____

(3) ぼくのバッグは君のほど大きくないんだ。　　　　　　　　　　　　　　（筑波大附高）
_____

注　**2** (2) volleyball バレーボール　**3** (2) math 数学

20 比較表現 ③

《《 最上級 》》

最上級とは3つ以上を比べて「**Aがいちばん〜だ**」と,「いちばん〜」を表すことである。それを,"**A ... 最上級 in / of 〜 .**" で表す。最上級はthe -est, the most ― となる。

The giraffe is the tallest of all animals.「キリンは全ての動物の中でいちばん背が高い」
Naoko is the most honest in my family.「菜穂子は家族の中でいちばん正直だ」

(of と in との違い)

「〜の中で」のとき,ofのあとには比較の対象(複数か複数を表す語),inのあとには比較の範囲(単数)がくる。

He can run the fastest of all.　　→ allは比較の対象で,「みんな」という複数を表
「彼は,みんなのなかでいちばん　　　　す語
速く走ることができる」

He can run the fastest in his class. → his classは範囲を表し,単数
「彼は,クラスの中でいちばん速く走ることができる」

(of / in 〜が省略される最上級)

分かりきっていたり,特に必要がなかったりする場合にはof / in 〜が省略されることがある。

The whale is the biggest animal.「クジラはいちばん大きな動物だ」
Math is the most difficult subject for me.「私には,数学がいちばん難しい教科だ」

《《 疑問詞から始まる比較級・最上級 》》

whichやwhoなどの疑問詞から始まる文で比較級・最上級が使われることがある。これも,疑問詞の意味を考えて,それに比較級・最上級の意味を加えればよい。

Which do you like better, coffee or tea?「コーヒーと紅茶,どちらが好きですか」
――I like coffee better.「私はコーヒーの方が好きです」
Who can run faster, Jim or John?「ジムとジョン,どちらが速く走れますか」
――Jim can.「ジムです」
What sports do you like the best?「どのスポーツがいちばん好きですか」
――I like basketball the best.「私はバスケットボールがいちばん好きです」
　　　《"〜 the best." という表現はよく出題される》

- コロケーション
  like 〜 the best [better]「〜がいちばん好きだ [〜の方が好きだ]」
  love 〜 the most [more]「〜をいちばん愛している [〜の方を愛している]」

出題傾向	●公立入試で出題される最上級は,副詞でもtheがつく傾向がある ●疑問詞から始まる比較級・最上級も少なくない
対策	★活用形や疑問詞を使ういい方を覚えておく ★〜 the best.で終わる表現が目立つので,その例文を暗記する

1 日本語を参考に( )内の語を使って，英文を完成させなさい。

(1) Jimmy is _____ in my family. (tall)
「ジミーが家族の中でいちばん背が高い」

(2) Ichiro is _____ of all Japanese players. (famous)
「イチローは，全ての日本人選手の中でいちばん有名だ」

2 次の英文を日本語にしなさい。

(1) Sea level is the highest in 100 years. (佐賀県★)

_____

(2) His business ability made McDonald's the largest restaurant company in the world. (ラ・サール高 改)

_____

3 ( )内の語句を，日本語を参考にして並べかえなさい。

(1) 「彼はこの学校で，いちばん背が高い生徒だ」 (千葉県★)
He (student / in / tallest / is / the) this school.

_____

(2) 「あなたは鳥海山が東北でいちばん高い山ではないことを知っていますか」 (山形県★)
(you / highest / isn't / know / the / do / Mt. Chokai) mountain in Tohoku?

_____

(3) 「どんな日本食があなたはいちばん好きですか」 (高知県★)
What (you / do / Japanese food / like) the best?

_____

(4) 「あなたの家ではだれがいちばん早起きですか」 (清風高 改)
(your / up / in / who / the / gets / family / earliest)?

_____

4 次の日本語を英文にしなさい。

(1) 彼はスポーツの中で，テニスがいちばん好きだ。 (宮崎県 改)

_____

(2) 彼はクラスでいちばんいっしょうけんめいに勉強しました。 (香川県)

_____

(3) その歌をつくることについて，最も難しいことは何でしたか。 (大阪府)

_____ about making the song?

注　**2** (1) sea level 海面　(2) business 仕事　ability 能力　company 会社

確認問題8 〈比較表現〉

1 日本語を参考に，正しいものを選び，英文を完成させなさい。

(1) 「私たちのチームは彼のよりも強い」
Our team is (as strong as / stronger / the strongest) than his.

(2) 「彼は私よりも多く本を持っている」
He has (manyer / more / more many) books than I.

(3) 「イチローは日本人メジャーリーガーの中でいちばん有名だ」
Ichiro is (as famous as / more famous / the most famous) of Japanese Major League Players.

(4) 「トモコはコンピュータと同じくらい，頭の回転がはやい」
Tomoko is (as smart as / smarter / the smartest) a computer.

2 日本語を参考に，(　　)内を正しい語順に並べかえなさい。

(1) 「アメリカは日本の25倍広い」
(Japan / large / the U.S. / is / as / as / twenty-five times).

(2) 「できるだけはやく，そこに到着するようにします」
(will / get there / as / possible / I / try to / as soon).

(3) 「妹は私ほど一生懸命勉強をしない」
(I / hard / my sister / as / study / as / doesn't).

(4) 「私の車は大きすぎる。小さいのを買いたい」
My car is too large. (a / buy / one / want / I / to / smaller).

(5) 「どんな音楽があなたはいちばん好きですか」
(kind of / do / the best / like / what / music / you)?

3 右の表を見て、指示された主語と文法を使って英語で表しなさい。

例 （原級）
Tom _is as young as Bill_ . (young)

	Tom	Bill	Jeff
年齢	15	15	16
起床	6:15	6:30	6:15
score	45	80	90

(1) （比較級）
Tom _____ . (young)

(2) （原級）
Jeff _____ . (early)

(3) （原級）
Bill _____ Jeff. (early)

(4) （最上級）
Jeff's score _____ . (high)

(5) （比較級）
Bill's score _____ Tom's. (high)

(6) （最上級）
Tom's score _____ . (low)

4 次の日本語を英語にしなさい。

(1) 富士山は日本の中でいちばん高い。
_____

(2) 彼は私と同じくらい上手にテニスをすることができる。
_____

(3) 私は彼ほどCDをたくさん持っていない。
_____

(4) ツトムはアキコと同じくらい一生懸命に、数学の勉強をする。
_____

(5) できるだけはやく、彼女に私に電話をするように伝えてください。
Please tell _____

21 受け身（受動態）

受け身（受動態）とは「～される」という意味で，"be＋過去分詞"の形をとる。普通の文（能動態）は「主語が～する」という意味で，動作をするもの（動作主）の視点である。一方，受け身（受動態）では，動作をされるもの（目的語）の視点で書かれている。

　普通の文（能動態）：Hikaru sings this song.（Hikaruの視点）
　　　　　　　　　　「ヒカルはこの歌を歌います」

　受け身（受動態）：This song is sung by Hikaru.（This songの視点）
　　　　　　　　　　「この歌はヒカルによって歌われます」

《 受け身のときの語順の変化 》

受け身は視点の変化なので，次のように語順も変化する。

　普通の文：Hikaru sings this song.　　①目的語が主語になる
　　　　　　主語　　動詞　　目的語　　②動詞がbe＋過去分詞になる
　受け身　：This song is sung by Hikaru.　③主語がbyのあとにくる
　　　　　　　①　　　②　　　③

《 by ～のない受け身 》

　by ～には，動作をする人（動作主）が入る。そのため，次の２つのときには，byから後が省略される。
(1) 動作をする人が一般の人のとき
　　English is spoken in England.「英語はイングランドで話されています」
　　　speakする人は，一般の人であるため，by から後は省略される
(2) 動作をする人が不明のとき
　　The gate was locked yesterday.「その門は昨日，鍵をかけられていた」
　　　lockをした人が誰だか不明であるため，byから後は省略される。

《 受け身の疑問文・否定文 》

　受け身の疑問文は，be動詞を主語の前に出す。否定文は，be動詞の後にnotをおく。do [does]は使わない。
（疑問文）Was the gate locked yesterday?「その門は昨日，鍵をかけられていましたか」
（否定文）The gate was not locked yesterday.「その門は昨日，鍵がかけられてなかった」

出題傾向	●内容を問う問題が多い ●並べかえの問題も多い
対策	★動詞の活用も覚えておく ★by ～のない受け身では，何が省略されているかを考える

1 日本語を参考に（　　）内の語を使って，英文を完成させない。

(1) 「この車は父に使われている」
　　This car _____ by my father.（ use ）

(2) 「スペイン語はペルーで話されている」
　　Spanish _____ in Peru.（ speak ）

2 次の英文を日本語にしなさい。

(1) When I was young, whale meat was eaten by many people.　　　　（和歌山県★）
_____

(2) When we laugh, something like medicine is made in our body.　　　（佐賀県★）
_____

(3) The white wristband is given to people who donate money to help poor people.
　　　　　　　　　　　　　　　　　　　　　　　　　　　　　　　　（鳥取県國）
_____

3 （　　）内の語句を，日本語を参考にして並べかえなさい。

(1) 「『ハリーポッター』は世界中で多くの人々に読まれている」
　　"Harry Potter" (by / people / read / many / is) all over the world.
_____

(2) 「日本では，生け花は多くの人に学ばれている」　　　　　　　　　（山形県國）
　　In Japan, (learned / by / many / is / people / *Ikebana*).
_____

(3) 「その本は英語で書かれていますか，それともスペイン語でしょうか」（成城学園高）
　　(in / Spanish / written / the book / or / English / is)?
_____

4 次の日本語を英文にしなさい。

(1) 彼の音楽は日本の多くの若い人々に愛されています。　　　　　　　（大阪府）
_____

(2) その赤ちゃんは両親からメアリーと名付けられました。　　　　（大阪女学院高國）
　　The baby _____ her parents.

(3) あなたはヨーロッパで話されている言語がいくつあるか知っていますか。（青雲高國）
　　Do you know _____

注　**1** (2) Spanish スペイン語　Peru ペルー　**2** (1) whale クジラ　(2) medicine 薬
　　(3) wristband リストバンド　donate 寄付する　**4** (3) 言語 language　ヨーロッパ Europe

67

22 間接疑問

疑問詞で始まる疑問文が，他の文の一部として組み込まれているものを**間接疑問**という。これ自体は疑問文ではない。

疑問文：**Where** do they live?「彼らはどこに住んでいるのですか」

間接疑問：Tell me where they live.「彼らがどこに住んでいるか教えてください」

《 疑問文と間接疑問 》

疑問文はbe動詞やdo[does]，助動詞が主語の前におかれる語順となるが，**間接疑問で**はその語順が"**疑問詞＋主語(S)＋動詞(V)**"となる。

（be動詞があるケース）

疑問文：Who is he?「彼は誰ですか？」

間接疑問：Please tell me **who** he is.「彼が誰だか教えてください」
　　　　　　　　　　　疑問詞　S　V　isが主語の前にあったが，後ろに置かれる

（doesがあるケース）

疑問文：What does he want?「彼は何がほしいの？」

間接疑問：Please tell me **what** he wants.「何を彼がほしいのか教えてください」
　　　　　　　　　　　疑問詞　S　V　doesが消えるので，動詞がwantsとなる

（過去形のケース）

疑問文：How did he get the job?「彼はどのようにその仕事を得たの？」

間接疑問：Please tell me **how** he got the job.
　　　　　　　　　　　疑問詞　S　V　didが消えるので，動詞がgotとなる
「どのように彼がその仕事を得たのか教えてください」

（助動詞があるケース）

疑問文：When will she come?「彼女はいつ来るのですか？」

間接疑問：Do you know **when** she will come?
　　　　　　　　　　　疑問詞　S　助動詞　willが主語の前にあったが，後ろに置かれる
「いつ彼女が来るかということを知っていますか」

接続詞のwhen（p.12）と区別するために，間接疑問でwhenが使われたら「〜ということ」と和訳をつけてみるとよい。

出題傾向
- 内容を問う問題が多い
- 並べかえの問題も多い
　どの疑問詞も出されるが，その中でもwhyやhow, whatの出題が多い

対策　★例文を暗記し，疑問文と間接疑問とは語順が違うことをしっかりと理解する

1 例のように，左の文を参考に右の文を完成させなさい。

例) Where do they live?　　Tell me _____where they live_____ .

(1) Who are they?　　　　Do you know _____ ?

(2) How old is she?　　　 Do you know _____ ?

(3) When did they leave?　Do you know _____ ?

2 次の英文を日本語にしなさい。

(1) We should learn what the changing environment will bring to us. 　　（大阪府＊）

(2) A care worker must listen to old people and understand how they really feel. 　　（佐賀県＊）

(3) First of all, I would like to tell you why I am interested in this music. 　　（同志社高）

(4) I want to be a woman who can understand how other people feel. 　　（鹿児島県＊）

3 (　　)内の語句を，日本語を参考にして並べかえなさい。

(1) 「私はこの少女が誰か知っています」　　（埼玉県＊）
I know (is / this / who / girl).

(2) 「いつ彼女が宮崎に帰ってくるか知っていますか」　　（宮崎県＊）
Do you (will / come back / when / to / she / know / Miyazaki)?

(3) 「彼らがどこの出身かあなたは知っていますか」　　（駒込高）
(are / where / do / know / you / they) from?

(4) 「アンが何時に東京へ出発したのかわからない」　　（沖縄県図）
(I / Ann / what time / left / know / don't) for Tokyo.

注) **2** (1) environment 環境　(2) a care worker ケアワーカー（介護福祉士）
(3) be interested in ～　～に興味がある

23 進行形

進行形とは，"be＋現在分詞"の形で表し，何かが進行していることや，「〜する[なる]」といった確実な未来のことを表す。

《〈現在進行形〉am [are, is]＋現在分詞》

(1)「(いま)〜している」(現在進行していること)
James is playing the piano now.「ジェイムズはいま，ピアノを弾いている」
They are swimming in the river.「彼らは川で泳いでいる」

(2)「〜するだろう」(確実な未来のこと)
I am moving tomorrow.「明日，引っ越します」

《〈過去進行形〉was [were]＋現在分詞》

「(そのとき)〜していた」(過去のある時点で，進行していたこと)
I was listening to music when he came.「彼が来たとき，私は音楽を聴いていた」
We were playing basketball at that time.
「私たちはそのとき，バスケットボールをしていた」

出題傾向
- 内容を問う問題が多い
- 英作文の問題も多い
  現在進行形がほとんどだが，過去進行形が問われることもある

対策 ★ beの時制に気をつけ，現在進行していることなのか，未来のことかを見抜く

Review the Points

現在分詞の作り方
(1) たいていの動詞 → そのままingをつける
　　study → studying　　work → working　　read → reading　　go → going
(2) 発音しない-eで終わる動詞 → eをとってingをつける
　　come → coming　　make → making　　write → writing　　have → having
(3) 〈短母音＋子音字〉で終わる動詞 → 子音字を重ねてingをつける
　　stop → stopping　　run → running　　cut → cutting　　get → getting
(4) その他
　　die → dying（ieをyにかえてingをつける）

1 日本語を参考に（　　）内の動詞を使い，英文を完成させなさい。

(1) 「ビルはいま，寝ています」
Bill _____ now.　　(sleep)

(2) 「彼女は手紙を書いています」
She _____ a letter.　(write)

(3) 「彼らはいま，走っています」
They _____ now.　　(run)

2 次の英文を日本語にしなさい。

(1) I am studying English very hard and reading some books about America now.　　（石川県★）

_____

(2) I'm going back to Japan next week.　　（鳥取県★）

_____

(3) You must always watch your dog while it is running or playing.　　（徳島県改）

_____

(4) Your English got much better. You are speaking English without dictionary.　　（茨城県改）

_____

3 （　　）内の語句を，日本語を参考にして並べかえなさい。

(1) 「音楽室で歌っている女性は林先生です」　　（成城学園高）
The (is / in / the / lady / singing / music room / who) is Ms. Hayashi.

_____

(2) 「事務所で働いていた老人は答えなかった」　　（大教大附高平野★）
An old (who / office / man / was / the / working / in) didn't answer.

_____

4 次の日本語を英文にしなさい。

(1) 昨夜私がトムに電話をしたとき，彼は宿題をしているところでした。　　（青雲高）

_____

(2) 私たちが駅に着いたとき，どしゃ降りの雨だった。　　（東京学芸大附高）

_____

注　**2** (2) go back to ～　～に帰る　(3) while SV　SVしている間　(4) dictionary　辞書
　　3 (2) office　事務所　　**4** (2) どしゃ降りの［激しく］ heavily

確認問題9 〈受け身・間接疑問・進行形〉

1 日本語を参考に, (　　)内の正しいものを選び, 英文を完成させなさい。

(1)「この本は中国語で書かれている」
This book (writes / is written / is writing) in Chinese.

(2)「彼が何時に帰ってくるか知っていますか」
Do you know what time (will he come / time he come / he will come) back.

(3)「彼は図書館で本を読んでいます」
He (reads / is read / is reading) a book in the library.

2 (1)～(3)は日本語を参考に, (　　)内を正しい語順に並べかえなさい。(4)～(7)は英語は日本語に, 日本語は英語にそれぞれ直しなさい。

(1)「ジミーは多くの人に愛されている」
(by / Jimmy / loved / many people / is).

(2)「あなたは田中先生に英語を教わっているのですか」
(you / Mr. Tanaka / by / are / English / taught)?

(3)「日本語で書かれていないので, 私はその本を読めない」
I cannot read the book (it / not / Japanese / written / in / because / is).

(4) Rice are grown in Okinawa earlier than in Hokkaido.

(5) What was invented by the Wright brothers?

(6)「将棋は多くの日本人によって, 指されている」

(7)「この家は100年前に建てられました」

3 (1), (2)は日本語を参考に, (   )内を正しい語順に並べかえなさい。(3) ～ (6)は英語は日本語に, 日本語は英語にそれぞれ直しなさい。

(1) 「あなたは彼が昨日何を買ったかを知っていますか」
(know / bought / do / he / you / what) yesterday?
_____

(2) 「どうして彼女が泣いたかをあなたは気づくべきだ」
(why / should / you / cried / realize / she).
_____

(3) Tom is only three years old. Do you know how he came here by himself?
_____

(4) Do you know how many languages are spoken in the world?
_____

(5) 「私はどうして彼がうれしそうなのか知っています」
_____

(6) 「誰も, いつ彼が来たのか知りません」
_____

4 (1), (2)は日本語を参考に, (   )内を正しい語順に並べかえなさい。(3) ～ (6)は英語は日本語に, 日本語は英語にそれぞれ直しなさい。

(1) 「彼は友だちとサッカーをしている」
(is / soccer / friends / he / with / playing / his).
_____

(2) 「あなたが電話をかけてきたとき, 入浴していました」
I (when / taking / a / you / called / bath / was).
_____

(3) I want to know why he is always smiling.
_____

(4) The book I am reading now was given by my grandfather.
_____

(5) I am studying in my room, but my sister is watching TV in a living room.
_____

(6) 「彼は駅の前で立っていました」
_____

24 動名詞

動名詞とは，現在分詞と同じ~ ingという形であり，「~すること」という意味である。そして**動詞と名詞との両方の役割を持っている**。

《 動名詞の作り方とその意味 》

動名詞の作り方は，現在分詞の作り方と同じである。意味は「~すること」という意味を表す。

《 目的語になる動名詞とto不定詞 》

動名詞もto不定詞（名詞的用法）も「~すること」という意味だが，どちらを目的語とするかは動詞によって異なる。

（動名詞だけを目的語にする動詞）
　　enjoy, finish, stop, give upなど
　　　I finished washing the dishes.「私は皿を洗い終えた」

（不定詞だけを目的語にする動詞）
　　want, hope, wish, など
　　　I wish to see the manager.「私は責任者に会いたい」

（動名詞と不定詞の両方を目的語にする動詞）
　　like, start, begin, planなど
　　　I like to get / getting up early.「早起きをすることが好きです」

《 主語になる動名詞（句） 》

動名詞は単独で，もしくは句となって主語になることもある。

（動名詞単独）
　　Studying is very important.「勉強することはとても大切だ」

（動名詞句）
　　Studying mathematics is very important.「数学を勉強することはとても大切だ」
　　Walking in the morning is good for your health.「朝歩くことは，健康にいいことだ」

出題傾向
- 内容を問う問題が多い
- 英作文の問題も多い
　英作文では enjoy *doing* を使うことが多い

対策
★ 動詞によって，目的語に動名詞かto不定詞かどちらを使うかを判断する
★ 動名詞句をまとまりとして考え，☐で囲む
　　|Walking in the morning| is good for your health.

1 (　　)の動詞を使い，英文を完成させなさい。

(1) I gave up _____ video games.（play）

(2) I enjoyed _____ to music last night.（listen）

2 次の英文を日本語にしなさい。

(1) The Major Leaguer player said, "Playing very hard for my family is my life."　　　（栃木県図）

(2) Her mother liked looking at the pictures and started talking about them.（滋賀県図）

(3) I did many things, for example, cooking dinner, cleaning my room, and taking the dog for a walk.　　　（大阪府図）

3 (　　)内の語句を，日本語を参考にして並べかえなさい。

(1) 「ピアノを弾くことは大きな楽しみだ」　　　（山形県★）
(a lot of / piano / is / playing / fun / the).

(2) 「日本語を勉強することは，私にとって，楽しくはなかった」　　　（滋賀県図）
(was / Japanese / for / not / me / studying / fun).

4 次の日本語を英文にしなさい。

(1) 私は読書が好きだ。　　　（徳島県図）

(2) 彼の趣味は野球観戦である。　　　（富山県図）

(3) 列車からそのすばらしいながめを見るのは楽しかった。　　　（北海道）

注　**2** (1) Major League player　メジャーリーグの選手　　**4** (2) 趣味　hobby　(3) ながめ　view

25 分詞

分詞には**現在分詞**と**過去分詞**とがある。進行形や受け身などで使われるほか, 形容詞的に使われて名詞を修飾することがある。

《 分詞の飾り方 》

現在分詞は「～している」, 過去分詞は「～された[される]」という意味を表すことが多い。
分詞が1語で名詞を飾るときは前から, 2語以上のグループで飾るときは後ろから飾る。

（1語で飾る）

a <u>running</u> boy（走っている少年）　　the <u>broken</u> window（壊された窓→壊れた窓）

（2語以上のグループで飾る）

a baby <u>sleeping in the bed</u>（ベッドで寝ている赤ちゃん）

a radio <u>made in Japan</u>（日本で作られたラジオ→日本製のラジオ）

《 主語を分詞のグループが飾る場合 》

主語を, ☐ で囲むと分かりやすい。

| The woman talking to Mary | is Jim's sister.

「メアリーと話している女の人はジムの妹です」

| The novels written by Poe | is fun. 「ポーに書かれた（ポーが書いた）小説はおもしろい」

《 目的語・補語を分詞のグループが飾る場合 》

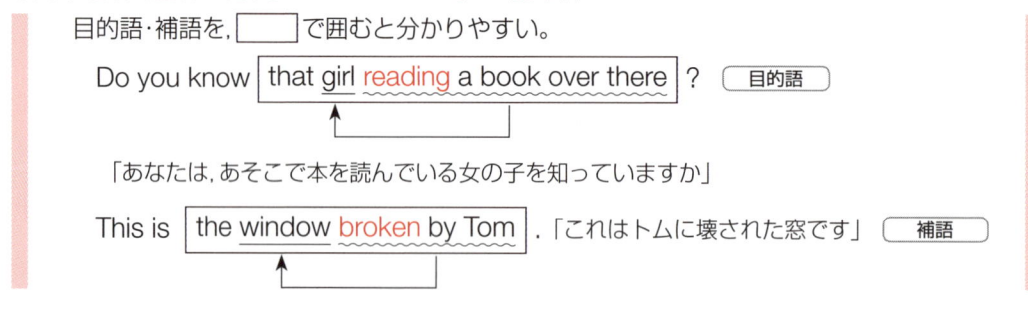

目的語・補語を, ☐ で囲むと分かりやすい。

Do you know | that girl reading a book over there | ?　[目的語]

「あなたは, あそこで本を読んでいる女の子を知っていますか」

This is | the window broken by Tom | .「これはトムに壊された窓です」　[補語]

出題傾向
- 並べかえ問題が多い
- 内容を問う問題も多い
  両方とも, 後ろから前を飾るケースが大部分

対策
★分詞だけを考えるのではなく, ☐ で囲むことで名詞句をはっきりとさせる

1 (　　)内の動詞を使い, 英文を完成させなさい。

(1) Look at the baby ＿＿＿＿＿＿＿＿ in the bed!（cry）

(2) I like the song ＿＿＿＿＿＿＿＿ by Mr. Children.（sing）

2 次の英文を日本語にしなさい。

(1) Some robots help people working in hospitals. （山口県図）

(2) They collected fallen leaves from the garden. （鹿児島県★）

(3) There are a lot of children injured by landmines in the world. （秋田県図）

3 (　　)内の語句を, 日本語を参考にして並べかえなさい。

(1) 「私は有名なアメリカ人医師によって書かれた本を読んでいます」 （千葉県図）
(I'm / written / book / by / a / reading) a famous American doctor.

(2) 「老人と話している女性は私の母です」 （岩手県★）
(an old man / is / with / talking / the woman) my mother.

(3) 「あの木の橋は100年前に建てられたものです」 （立教新座高）
(that / built / made / was / bridge / wood / of) 100 years ago.

4 次の日本語を英文にしなさい。(3)は英文に続く日本語を英語にしなさい。

(1) 彼はアメリカ製の自動車を持っています。 （富山県図）

(2) 今朝, 私はあるおばあさんによって書かれた話を読みました。 （愛媛県）

(3) We will go to a middle park this weekend. There ぼくは, オーストラリアにだけ住んでいるぼくのお気に入りの動物たちに会うことができます。 （香川県）

注　**2** (1) robot ロボット　hospital 病院　(2) collect 集める　leaves < leaf（葉）の複数形
(3) injure 傷つける　landmine 地雷

26 命令文

　命令文とは，指示・命令や禁止などを表す文のことである。**文は動詞の原形から始まり**，これは主語であるYouが省略されているからだと考えられる。**禁止はDon'tから始める**。文頭にPleaseをつけることで，少しだけていねいな言い方になる。

《 命令文の基本 》

（指示・命令）

　Open the window.「窓を開けなさい」

　Please open your textbook.「教科書を開けてください」

（禁止）

　Don't repeat the same mistake again.「同じ間違いを再び繰り返すな」

　Don't be afraid!「怖がらないで！」

　このようにbe動詞がある場合も，Don'tから始める。

　Be kind to old people.「お年寄りには親切にしなさい」

《 命令文, and / or 〜 》

（命令文, and 〜「そうすれば〜」）

　Hurry up, *and* you will catch the 6:00 train.

　　「急ぎなさい，そうすれば6時に電車に乗れるだろう」

（命令文, or 〜「さもないと〜」）

　Get up early, *or* you will be late for school.

　　「早く起きなさい，さもないと学校に遅れますよ」

出題傾向	●内容を問う問題が多い ●並べかえの問題も多い
対策	★例文を暗記し，命令文, and / orの使い方をしっかりと理解しておく

1 次の英文を命令と禁止にしなさい。

(1) You open your textbook.
　指示・命令：＿＿＿＿＿＿＿＿＿＿＿＿＿＿＿＿＿＿＿＿＿＿＿＿＿＿
　禁止　　　：＿＿＿＿＿＿＿＿＿＿＿＿＿＿＿＿＿＿＿＿＿＿＿＿＿＿

(2) You watch this video.
　指示・命令：＿＿＿＿＿＿＿＿＿＿＿＿＿＿＿＿＿＿＿＿＿＿＿＿＿＿
　禁止　　　：＿＿＿＿＿＿＿＿＿＿＿＿＿＿＿＿＿＿＿＿＿＿＿＿＿＿

2 次の英文を日本語にしなさい。

(1) Stop using too much water when you wash your hands. 　　(新潟県★)

(2) Please think about people around you. 　　(高知県★)

(3) Listen to English CDs and repeat after them. 　　(福岡県★)

3 (　　)内の語句を，日本語を参考にして並べかえなさい。

(1) 「何もいわずに出て行ってはだめですよ」 　　(千葉県★)
Don't (out / go / telling / without / me).

(2) 「英語を話すとき間違いをおそれてはいけません」． 　　(立教新座高)
(speaking / afraid / don't / of / in / be / mistakes) English.

(3) 「大きなかばんを運びながら道路を渡っている少年をごらんなさい」 　　(穎明館高図)
(a large bag / the boy / at / look / carrying) across the road.

4 次の日本語を英文にしなさい。

(1) 急がないと，終電に間に合いませんよ。 　　(穎明館高)

(2) 二番目の角を右へ曲がってください。 　　(大阪星光学院高図)

注　**2** (3) repeat 繰り返す　**3** (1) without *doing* do せずに　(2) be afraid of ～ ～をおそれる　mistake 間違い　**4** (1) 急ぐ hurry up

確認問題10〈動名詞・分詞・命令文〉

1 日本語を参考に,（　　）内から正しいものを選び, 英文を完成させなさい。

(1) 「私は忙しすぎたので, 旅行をすることをあきらめた」
I gave up (travel / traveling / to travel) because I was too busy.

(2) 「赤い帽子をかぶっている女の子を知っていますか」
Do you know the girl (wear / wearing / worn) a red hat?

(3) 「いま起きなさい, さもないと学校に遅れますよ」
Get up now, (and / but / or) you will be late for school.

2 (1)〜(3)は日本語を参考に,（　　）内を正しい語順に並べかえなさい。(4)〜(7)は英語は日本語に, 日本語は英語にそれぞれ直しなさい。

(1) 「早起きは健康にいい」
(early / is / for / getting up / good / your health).

(2) 「私が部屋に入ったとき, 彼らは話すことをやめた」
They (stopped / when / entered / I / talking / the room).

(3) 「新聞を読むことは, 情報を得るために大切なことだ」
(information / reading / get / a newspaper / is / to / important).

(4) They started talking about taking their trip to Hokkaido.

(5) We enjoyed walking around the lake and taking pictures.

(6) 「友だちとキャンプに行くことは楽しい」
_____ fun.

(7) 「彼らは野球をすることをやめた」

3 (1), (2)は日本語を参考に，(　　)内を正しい語順に並べかえなさい。(3) ～ (6)は英語は日本語に，日本語は英語にそれぞれ直しなさい。

(1) 「彼が貧しい国で人々を助けている医師です」
(in poor countries / he / the doctor / is / people / helping).
_____

(2) 「これは，ポーに書かれた有名な詩です」
(is / famous / this / by Poe/ written / a / poem).
_____

(3) The boy playing tennis over there is my son.
_____

(4) I was listening to a song sung by Korean singer at that time.
_____

(5) Can you see the cat sleeping on the sofa?
_____

(6) 「メアリーと話している女性は，私の叔母です」
_____

4 (1), (2)は日本語を参考に，(　　)内を正しい語順に並べかえなさい。(3) ～ (6)は英語は日本語に，日本語は英語にそれぞれ直しなさい。

(1) 「18ページを開けてください」
Please (textbooks / to page 18 / open / your).
_____

(2) 「会議に遅れるな」
(the meeting / late / be / don't / for).
_____

(3) Be kind to small children.
_____

(4) Hurry up, and you can take the last bus.
_____

(5) Look at the boy crossing the street with Mary.
_____

(6) 「その箱をいま開けてはいけません」
_____

不規則変化動詞一覧

原形	基本的な意味	過去形	過去分詞
begin	始める	began	begun
break	壊す	broke	broken
bring	持ってくる	brought	brought
buy	買う	bought	bought
catch	捕らえる	caught	caught
come	来る	came	come
do	する	did	done
draw	描く	drew	drawn
drink	飲む	drank	drunk
drive	運転する	drove	driven
eat	食べる	ate	eaten
fall	落ちる	fell	fallen
feel	感じる	felt	felt
fly	飛ぶ	flew	flown
forget	忘れる	forgot	forgot / forgotten
get	得る	got	got / gotten
give	与える	gave	given
go	行く	went	gone
have	持っている	had	had
hear	聞く	heard	heard
keep	保つ	kept	kept
know	知っている	knew	known
leave	出発する	left	left
make	作る	made	made
read	読む	read	read
run	走る	ran	run
say	いう	said	said
see	見る	saw	seen
sell	売る	sold	sold
send	送る	sent	sent
sing	歌う	sang	sung
sit	座る	sat	sat
speak	話す	spoke	spoken
stand	立つ	stood	stood
swim	泳ぐ	swam	swum
take	持っていく	took	taken
teach	教える	taught	taught
think	考える	thought	thought
understand	理解する	understood	understood
wake	起きる	woke	woken
wear	着ている	wore	worn
write	書く	wrote	written

第2章

覚えておきたい構文・表現

入試の英語問題を解くためには「英文法・語法」の力の他に,英語特有の構文や表現を覚えておく必要があります。ここでは,入試問題によく出る「構文」と「表現」を載せました。第1章同様,左ページの解説をよく読み,そして右ページの問題を解き,覚えてください。

1 覚えておきたい構文・表現 ①

　この中には，すでに今まで出てきた表現もある。しかし，復習・定着の意味も兼ねて，もう一度学習していきたい。

《《 There is 構文 》》

「～がある(いる)」

　beには「**存在する**」という意味がある。There is [are] ～とすることで，「～が存在する」という意味になる。ただこれでは日本語として堅すぎるので，人であれば「～がいる」，ものであれば「～がある」とする。be 動詞は～が単数なら is，複数なら are となる。

　There is a book on the desk.「机の上には本がある」
　There are some students in the gym.「体育館には数人の生徒がいる」

　There is [are]～の後にくる名詞は，特定されていないものなので，the や this，that，my，your などがつく名詞はこない。

《《 It is ～ (for A) to do 》》

「(A にとって[が])…することは，～である」

　It が to do を指して，ある事柄について述べる表現である。

　　To swim in this river is dangerous.
　　　　　　　　　　　　「この川で泳ぐことは危険だ」
　　It　　is dangerous　*to swim in this river* .

　It を主語として，to 不定詞のグループを後ろにおく。不定詞の意味上の主語がある場合には，for A を to 不定詞の前につける。

　It is easy **for** Mary **to** read this book.「メアリーにとってこの本を読むことはやさしい」
　It is natural **for** Jim **to** get angry.「ジムが怒ることは当然だ」

《《 ask ～ to do 》》

「～に *do* してほしいという[頼む]」(～には人がくる)

　She **asked** her mother **to** *buy* ice cream.「彼女は母親にアイスを買ってほしいといった」

《《 be good at ～ 》》

「～が上手だ」(～には，名詞か動名詞がくる)

　They **are good at** *playing* soccer.「彼らはサッカーをするのが上手だ」

《《 finish *doing* 》》

「*do* することを終える」(finish の後には to 不定詞はこない)

　He has just **finished** *cleaning* his room.
　　「彼はちょうど，自分の部屋の掃除を終えたところだ」

1 次の英文を日本語にしなさい。

(1) It's good to learn about traditional things. （大阪府★）

(2) It was not easy to work in a foreign country in those days. （香川県図）

(3) There is a story of a pet that helped an old woman. （新潟県★）

2 (　　　)内の語句を，日本語を参考にして並べかえなさい。

(1) 「あの本には何か興味深いことはありましたか」 （佐賀県★）
(interesting / there / that book / anything / in / is)?

(2) 「リンダ，あなたにとって，日本語を話すことは難しいですか」 （千葉県★）
(is / difficult / speak / you / for / to / it) Japanese, Linda?

(3) 「私はスピーチを書き終えた」
(finished / speech / my / writing / I).

(4) 「ALTが『次の授業で，何人かの生徒に修学旅行についてスピーチをしてもらう』といった」
The ALT said, "I am going to (about / some students / make / ask / the school trip / to / speeches) in my next class."

3 日本語を参考に(　　　)内に適語を入れなさい。

(1) 「彼はサッカーをするのが上手だ」
He (　　　)(　　　)(　　　) playing soccer.

(2) 「彼は母親に髪を短く切ってほしいと頼みました」
He (　　　) his mother (　　　)(　　　) his hair short.

(3) 「私はちょうど，サッカーを終えたところだ」
I have just (　　　)(　　　) football.

2 覚えておきたい構文・表現 ②

《 help ... with ～ 》

「…の～を手伝う」（…には「人」，～には「手伝うもの」がいる）

I will **help** you **with** your homework.「私はあなたの宿題を手伝います」

　I will help your homework. としないこと。私が助けるのは"you"（あなた）であって，"your homework"（宿題）ではない。

《 How about ～? 》

「～(して)はどうか」「～についてはどうか」（～には，動名詞か名詞）

How about going to the movies tomorrow.「明日，映画を見に行かないか」
How about the new teacher?「新しい先生はどうですか」

《 one ..., the other ～ 》

「ひとつは…で，もう一方は～」（2つのもの[人]のときに使う）

I have two brothers. **One** is a high school student, **the other** is a university student.「私には2人兄がいて，1人は高校生で，もう1人は大学生だ」

《 one..., the others ～ 》

「ひとつは…で，残りは～だ」（3つ以上のもの[人]のときに使う）

She has four children. **One** is a doctor, **the others** are teachers.
「彼女は4人子どもがいて，1人は医者で，残りは教師だ」

《 one ..., another ～ 》

「ひとつは…で，また別のひとつは～だ」（3つ以上のもの[人]のときに使う）

One of the students is Korean, **another** is Chinese, and the others are Japanese.「学生の1人は韓国人で，別の1人は中国人，そして残りは日本人だ」

《 some ..., the others ～ 》

「いくつかは…で，他の全部は～だ」

Some students are singing on the stage, **the others** are listening to them.
「何人かの生徒はステージで歌い，他の全ての生徒は彼らを聞いている」

《 some ..., others ～ 》

「…するものもいれば，～するものもいる」

Some agreed with your idea, but **others** didn't.
「あなたのアイディアに賛成したものもいれば，賛成しなかったものもいる」

1 次の英文を日本語にしなさい。

(1) Will you help me with my English?

(2) How about going for a walk?

2 (　　)内の語句を，日本語を参考にして並べかえなさい。

(1) 「いっしょに昼食を食べませんか」　　　　　　　　　　　　　　　　　　　（埼玉県図）
(lunch / having / about / together / how)?

(2) 「私の宿題を手伝ってくださいますか」　　　　　　　　　　　　　　　　　（千葉県★）
Could you (me / help / with / homework / my)?

(3) 「テッドはジュリアに宿題を手伝ってくれるように頼んだ」　　　　　　　　（沖縄県図）
Ted (help / asked / him / Julia / to / with) his homework.

3 日本語を参考に(　　)内に適語を入れなさい。(　　)は1語とは限らない。

(1) 「私は2人息子がいる。1人は野球が好きで，もう1人はバスケットボールが好きだ」
I have two sons. (　　　　　) likes baseball, (　　　　　) likes basketball.

(2) 「息子は数台のミニカーを持っている。1台は日本製で，もう1台は韓国製，そして残りは中国製だ」
My son has some minicars. (　　　　　) was made in Japan, (　　　　　) was made in Korea, and (　　　　　) were made in China.

(3) 「私たちは昨年，北海道に行った。何人かはスキーを楽しみ，残りのみんなは温泉を楽しんだ」
We went to Hokkaido last year. (　　　　　) enjoyed skiing, (　　　　　) enjoyed a spa.

(4) 「ハワイに行きたいものもいれば，タイに行きたいものもいる」
(　　　　　) want to go to Hawaii, (　　　　　) want to go to Thailand.

3 覚えておきたい構文・表現 ③

《 tell ... about ~ 》
「~について…に話す」

Please tell me about your dream.
「あなたの夢について私に話してください」

《 tell ~ to *do* 》
「~に *do* するようにいう」（~には「人」がはいる）

The doctor told Mr. White to *lose* weight.
「医師はホワイトさんに体重を落とすようにいった」

《 try to *do* 》
「*do* しようと努力する」

I tried to *cry*, but I couldn't.
「私は泣こうとしたが，できなかった」

《 try *doing* 》
「ためしに *do* してみる」

I tried *calling* her, but she was not at home.
「彼女に電話をかけてみたが，家にいなかった」

《 want ~ to *do* 》
「~に *do* してほしい」（~には「人」がはいる）

I want you to *come* to my restaurant.
「私はあなたに私のレストランに来てほしい」

《 why don't you *do*? 》
「*do* したらどうですか」（相手に対する提案）

Why don't you give Tom another chance?
「トムにもう一度チャンスを与えたらどうですか」

1 次の英文を日本語にしなさい。

(1) The ALT said, "I often watch Japanese movies, and try to imitate and remember some of my favorite actor's words."　　　　　　　　　　　　　　　　（福島県改）

_____

(2) I want my families to see the flowers before they go to school or go to work.
　　　　　　　　　　　　　　　　　　　　　　　　　　　　　　　　（山形県改）

_____

2 （　　）内の語句を, 日本語を参考にして並べかえなさい。

(1) 「後で彼に私に電話をするように伝えてください」　　　　　　　　　（岩手県★）
Please (him / to / call / tell) me later.

_____

(2) 「私は人々に私の陶器を使うのを楽しんでもらいたい」　　　　　　　（大阪府）
I (enjoy / people / to / using / want) my pottery.

_____

(3) 「スピーチをユーモアで始めたらどうですか？」　　　　　　　　　　（群馬県★）
(you / start / why / your / with / don't / speech) some humor?

_____

3 日本語を参考に（　　）内に適語を入れなさい。（　　）は1語とは限らない。

(1) 「私は友人に, ロンドンでの私の経験について話をした」
I (　　　　　) my friends (　　　　　　) my experience in London.

(2) 「私は彼の頭の上に立とうとしたが, できなかった」
I (　　　　　) stand on his head, but I couldn't.

(3) 「私たちのパーティに来たらどうですか」
(　　　　　　　　　　) come to our party?

(4) 「私たちはメアリーに自分の部屋をきれいにするようにいった」
「We (　　　　　) Mary (　　　　　) clean her room.

(5) 「私は彼女にe-mailを書いてみた」
I (　　　　　) writing email to her.

注　**1** (1) imitate まねをする　actor 俳優

so ～ that ..., too ～ to *do* 構文

解答と解説は別冊p.26

1. so ～ that SV 「とても～なのでSVだ」（～には形容詞か副詞がくる）

He is so young that he cannot travel alone.「彼はとても幼いので，1人で旅ができない」

左右の囲みからso ～ that SVになるように英文を作り，その英文を日本語にしなさい。

That hotel is so expensive		they could not climb Mt. Fuji.
It is so cold today	that	I cannot stay there.
They were so old		we cannot swim in the river.

英　語：＿＿＿＿＿＿＿＿＿＿＿＿＿＿＿＿＿＿＿＿＿＿＿＿＿＿＿＿＿＿＿＿

日本語：＿＿＿＿＿＿＿＿＿＿＿＿＿＿＿＿＿＿＿＿＿＿＿＿＿＿＿＿＿＿＿＿

英　語：＿＿＿＿＿＿＿＿＿＿＿＿＿＿＿＿＿＿＿＿＿＿＿＿＿＿＿＿＿＿＿＿

日本語：＿＿＿＿＿＿＿＿＿＿＿＿＿＿＿＿＿＿＿＿＿＿＿＿＿＿＿＿＿＿＿＿

英　語：＿＿＿＿＿＿＿＿＿＿＿＿＿＿＿＿＿＿＿＿＿＿＿＿＿＿＿＿＿＿＿＿

日本語：＿＿＿＿＿＿＿＿＿＿＿＿＿＿＿＿＿＿＿＿＿＿＿＿＿＿＿＿＿＿＿＿

2. too ～ to *do* 「～すぎて，*do*できない」（～には形容詞か副詞がくる）

It is too cold to *swim*.「寒すぎて，泳げない」

例のようにtoo ～ to *do* を使って英文を作り，日本語にしなさい。

　例　This problem is too difficult, so I cannot solve it.

　　This problem is too difficult to solve.

　　「この問題は難しすぎて，私には解くことができない」

(1) This coffee is too hot, so I cannot drink it.

　英　語：＿＿＿＿＿＿＿＿＿＿＿＿＿＿＿＿＿＿＿＿＿＿＿＿＿＿＿＿＿＿

　日本語：＿＿＿＿＿＿＿＿＿＿＿＿＿＿＿＿＿＿＿＿＿＿＿＿＿＿＿＿＿＿

(2) My grandfather is too old, so he cannot run fast.

　英　語：＿＿＿＿＿＿＿＿＿＿＿＿＿＿＿＿＿＿＿＿＿＿＿＿＿＿＿＿＿＿

　日本語：＿＿＿＿＿＿＿＿＿＿＿＿＿＿＿＿＿＿＿＿＿＿＿＿＿＿＿＿＿＿

第3章

長文問題にチャレンジ

長文問題について

　入試で一番多く出てくる問題は，長文問題です。長文問題には，いわゆる**「英語の長文」**と**「会話文」**の2種類があります。いずれの場合も，読んで理解して，設問に解答するには，第1章や第2章で学んだ「英文法・語法」「構文」「表現」の知識が基本となります。

　ここでは，話題に地域性の少ないものを中心に10題（うち会話文3題）を用意しました。これまで学んだ知識を活用して「長文」を読んで解答してみてください。各設問の解答のし方は，別冊「解答と解説」を読んで参考にしてください。

　長文問題では，本来なら，本文と問題文との間に単語の注釈が出ています。しかし，本書ではその注釈を問題文のあとに変更しました。問題を解くときにはこの注釈をできるだけ見ないで，実力を試すためにまず解いてください。そして，見直しのときに注釈で意味を確認しましょう。

長文問題 1

青森県

次の英文を読んで、あとの(1)〜(2)に答えなさい。*印の語などには、最後に(注)があります。

Long ago a *king lived in a small country and he was becoming old. One day he thought that he needed to find the next king. He wanted to find the best person to make his country better.

The king called all the young people in the country to the *palace. He said, "I will *choose the next king from you." The people there were surprised. He said, "I am going to give a *seed to everyone of you today. I want you to *plant it, give water to it and come back here six months from today with the *plant which will come from it. Then, I will look at the *plants and choose the next king."

It was exciting to the young people. *Joe was one of them. He went home and *planted it in a *pot very *carefully. Every day he gave water to it and watched it. After about two weeks some of the young people began to talk about their plants which came from their *seeds. Joe was sad to hear that. But he thought he needed more time and waited. Three months *passed, but Joe still didn't get any in his pot. He knew that his seed died.

Six months passed and the day came. Joe said to his mother, "I am not going to take my pot to the palace. People say the king will be *angry and *punish me when he looks at it." "What's wrong? I know you did the best thing you could. You must go and show it."

When Joe got to the palace, he was surprised to see the beautiful plants everyone brought *except him. When they saw his pot, they *laughed at him.

Then the king came. He walked around the room and said, "I'm very glad to see your plants. They show what kind of person you are." Then, he looked at a boy who had a pot with no plants and told him to come to the *front. Everyone worried about him.

The king said to the people, "Listen to me. Six months ago I gave everyone here a seed. But the seeds that I gave all of you *were boiled and I knew no plants came from them. All of you except this boy have beautiful plants now. That means you did something to get them. Look at his pot carefully. Can you see the plant in his pot? You can't! But this is <u>the plant I wanted from the next king</u>."

(1) 本文の内容と合うように、次のア〜オの英文に続けるのに最も適切なものを、それぞれ1〜4の中から1つ選び、その番号を答えなさい。

　ア. The king called all the young people to the palace

　　1. because he wanted them to find the next king to make the country better.
　　2. because he wanted them to work together to make the country better.
　　3. because he wanted to give seeds to them and see their beautiful plants.
　　4. because he wanted to choose the most wonderful person to be the next king.

イ．When the young people planted the seeds from the king and about two weeks passed,
　　1. Joe was sad and stopped giving water to his seed.
　　2. some young people showed their plants to the people in the country.
　　3. Joe gave water to his seed but he couldn't get any plants.
　　4. Joe was sad to know that his seed died.

ウ．The king was very glad to see the plants the young people brought
　　1. because the plants were useful and he found who was the best to be the new king.
　　2. because from the plants he knew that many of them could be the new king.
　　3. because the plants made the palace beautiful and it was good for the country.
　　4. because he found the best person to be the new king brought plants with flowers.

エ．When the king told Joe to come to the front,
　　1. all the people in the room thought it was important for the king to punish him.
　　2. all the people in the room thought the king was angry.
　　3. all the people in the room thought the king found the next king.
　　4. all the people in the room thought the king was interested in Joe's pot.

オ．All the young people except Joe got the plants
　　1. because they carefully planted the seeds the king gave.
　　2. because they gave water to the seeds every day.
　　3. because they did not use the king's seeds.
　　4. because they knew how to plant the seeds better than Joe.

(2) 次の英文が本文の内容と合うように，　ア　～　ウ　に入る最も適切な語を，下の語群の中からそれぞれ1つ選び，その番号を書きなさい。

　　After six months there was 　ア　 in Joe's pot and he thought it was 　イ　 for him to be the king. When he said he did not want to go to the palace, his mother told him to go. She knew he did 　ウ　 he could.

| 1. everything　2. no　3. interesting　4. most　5. nothing　6. hard |

ア_____　　イ_____　　ウ_____

注　king　王様　　palace　宮殿　　choose　選ぶ　　seed　種　　plant　～を植える
　　plant　植物　　plants＜plant（植物）の複数形　　Joe　ジョー（人名）
　　planted：plant（～を植える）の過去形　　pot　鉢　　carefully　注意して
　　seeds＜seed（種）の複数形　　passed　～が過ぎた　　angry　怒って　　punish　～を罰する
　　except　～以外の　　laughed at　～を笑った　　front　前　　were boiled　ゆでられていた

長文問題2

宮城県
解答と解説は別冊 p.28

ケニヤ(Kenya)からの留学生ダンカンは, 家に遊びに来た真紀と次のような会話をしています。この英文を読んで, あとの1〜6の問いに答えなさい。

Duncan: I read ①an interesting thing in a book. It was about plastic bags.
Maki: Plastic bags?
Duncan: Yes. About thirty billion plastic bags are used in Japan every year.
Maki: I didn't know that.
Duncan: It means everyone in Japan gets one plastic bag every day. I was very surprised. Do you get plastic bags at stores?
Maki: Yes, I get them when I buy something.
Duncan: Do you use them again?
Maki: I use some of them. But many of them will become garbage.
Duncan: ②I think it's *mottainai*.
Maki: What? Did you say *mottainai*?
Duncan: Yes. Do you know Wangari Maathai? ③I (a / from / it / book / learned) about her. She likes the Japanese word, and I also like it very much.
Maki: I have heard her name, too. She is the woman who got the Nobel Peace Prize in 2004.
Duncan: [A] She has worked hard to protect the environment for a long time. I'm interested in protecting the environment, too.
Maki: What can we do?... Oh, Duncan, you have a nice thing on the table!
Duncan: This tablecloth?
Maki: It is not a tablecloth. It is a *furoshiki*.
Duncan: *Furoshiki*? [B]
Maki: It is something for carrying things. I saw an old woman at a store last week. When a clerk tried to put things into a plastic bag, she took out her *furoshiki* and used it to carry things she bought.
Duncan: Oh, we can use a *furoshiki* as a bag when we buy something! That's a good idea. I think there are a lot of things we can do for the earth. To use a *furoshiki* is just one of them. We should always have the word *mottainai* in our minds and think what we can do.
Maki: I agree with ④your idea.

1. 下線部①について，an interesting thing の内容として最も適切なものを，次のア～エから1つ選び，記号で答えなさい。
   ア．All plastic bags we get at stores will become garbage.
   イ．Japanese people use many plastic bags every year.
   ウ．Many people in Kenya use the Japanese word *mottainai*.
   エ．Duncan uses his *furoshiki* as a tablecloth.

2. 下線部②について，ダンカンがそのように考える理由を日本語で書きなさい。

3. 下線部③の（　　）内の語を正しく並べかえ，英文を完成させなさい。

4. 本文中の　A　，　B　に入る最も適切なものを，次のア～カからそれぞれ1つずつ選び，記号で答えなさい。
   ア．What's that?　　イ．She will get it.　　ウ．I don't know her.
   エ．Did you buy it?　オ．Who is she?　　カ．That's right.
   A　　　　　　　　B　　　　　　　

5. 下線部④の内容を，具体的に日本語で書きなさい。

6. 次の英文はダンカンと真紀の会話の内容をまとめてものです。会話の内容に合うように（　⑤　）～（　⑦　）に入る最も適切な語を，それぞれあとのア～エから1つ選び，記号で答えなさい。
   Duncan is from Kenya. His (　⑤　) Japanese word is *mottainai*. He knows many plastic bags are used in Japan. At stores clerks (　⑥　) us plastic bags when we buy something. And many of them will become garbage. It is not good for the environment. It is important to (　⑦　) the word *mottainai* in our minds.

   (⑤)　ア．easy　　イ．favorite　　ウ．different　　エ．own
   (⑥)　ア．give　　イ．take　　ウ．make　　エ．have
   (⑦)　ア．show　　イ．come　　ウ．keep　　エ．buy

   ⑤　　　　　　　⑥　　　　　　　⑦　　　　　　

注　plastic bags レジ袋　　thirty billion 300億　　garbage ゴミ
　　Wangari Maathai ワンガリ・マータイ（ケニアの環境活動家）
　　Nobel Peace Prize ノーベル平和賞　　protect 守る　　environment 環境
　　tablecloth テーブルクロス　　clerk 店員　　take out 取り出す　　minds 心

長文問題3

次の文章は，中学生の雅夫(Masao)が，アメリカの友人のボブ(Bob)あてに書いた手紙です。この手紙の文章と手紙に同封されたグラフ(Graph A, B)を読んで，あとの(1)～(4)の問いに答えなさい。

Dear Bob,

　Thank you for your letter. Your report about water pollution was very interesting. I'm also interested in the problem of water pollution. I'd like to tell you about a small lake in my city. The water of the lake was very clean about 30 years ago. There were a lot of fish, and children could swim in the lake. But people stopped swimming there about 20 years ago because it was polluted.

　Now, the lake is still polluted and I want to make the lake clean again. But how? One day, I went to the city library and found two graphs. Look at Graph A. We use "COD" to measure the degree of water pollution. A large COD means that there is much pollution in the water. A small COD means that the water is not so polluted. Graph A shows that there are three sources of water pollution in the lake in my city: home, natural, and industrial waste. From this graph, I found (　①　) waste had the biggest influence of the three on total water pollution in the lake.

　Next, I'd like to tell you about five different wastes: mayonnaise, milk, shampoo, soy sauce, and used cooking oil. They are used and drained in homes every day, so I studied about them. Please look at Graph B. It shows that 　Ⓐ　. 20ml of milk needs 1 bathtub of water to make it clean enough for fish to live in. That's 300l of water. I think that's a lot of water! 20ml of soy sauce needs 3 bathtubs of water. Mayonnaise needs more water than shampoo, and used cooking oil needs the most water of all. Now (　②　) can we do at home to reduce water pollution? It's not so difficult. For example, we should eat all our food. We should not drain used cooking oil and not use too much shampoo. I decided to write a report about how to reduce water pollution and tell my school friends about it. I hope we can enjoy swimming in the lake some day. What do you think?

　　　　　　　　　　　　　　　　　　　　　　　　　　　　Your friend, Masao

Graph A

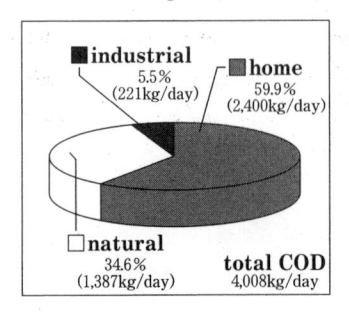

industrial 5.5% (221kg/day)
home 59.9% (2,400kg/day)
natural 34.6% (1,387kg/day)
total COD 4,008kg/day

Graph B

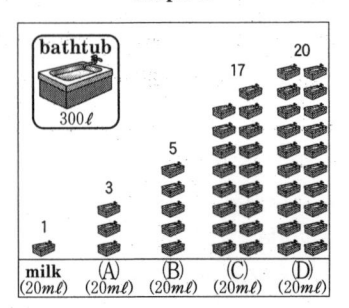

bathtub 300ℓ

milk (20mℓ): 1
(A) (20mℓ): 3
(B) (20mℓ): 5
(C) (20mℓ): 17
(D) (20mℓ): 20

(1) 本文の内容に合うように，(①)，(②)の中に入る最も適当なものを次のア～エのうちからそれぞれ一つずつ選び，その符号を書きなさい。

　① ア．industrial　　イ．home　　ウ．natural　　エ．total　　_____

　② ア．when　　イ．where　　ウ．what　　エ．why　　_____

(2) 次の内容に合うように，[Ⓐ]の中に入る最も適当な英文を次のア～エのうちから一つずつ選び，その符号を書きなさい。　　_____

　ア．homes drain many bathtubs of waste every day

　イ．people are using a lot of water every year

　ウ．a lot of bathtubs are made every month

　エ．cleaning wastes needs a lot of water

(3) Graph Bの(A) (B) (C)に入る最も適当なものの組み合わせを次のア～エのうちから一つ選び，その符号を書きなさい。

　ア．(A) soy sauce　　(B) shampoo　　(C) mayonnaise　　_____

　イ．(A) shampoo　　(B) soy sauce　　(C) mayonnaise　　_____

　ウ．(A) soy sauce　　(B) mayonnaise　　(C) shampoo　　_____

　エ．(A) shampoo　　(B) mayonnaise　　(C) soy sauce　　_____

(4) 次の文章はボブからの返事です。本文の(①)～(④)の中に入る最も適当なものを次のア～エのうちからそれぞれ一つずつ選び，その符号を書きなさい。

Dear Masao,

　Thank you for your letter. I know we have the (①) kind of problem because the lake in my city is also polluted with wastewater from homes. After (②) your letter, I try to be careful when I drain wastewater.

　Have you (③) your school friends about water pollution in your city? I hope they will (④) your idea and begin to do something you told them to do. Let's work together to reduce water pollution.

Your friend, Bob

（注）wastewater 廃水　　careful 注意深い

　① ア．same　　イ．old　　ウ．different　　エ．good　　_____

　② ア．showing　　イ．speaking　　ウ．stopping　　エ．reading　　_____

　③ ア．thanked　　イ．taken　　ウ．told　　エ．given　　_____

　④ ア．leave　　イ．give　　ウ．stop　　エ．understand　　_____

注　report レポート　　pollution/polluted 汚染／汚染される　　lake 湖　　swim 泳ぐ
　　COD 化学的酸素要求量（水の中に含まれている汚れを数値化したもの）　　measure 測定する
　　degree 程度　　source 原因　　natural 自然の　　industrial 産業の　　waste 廃棄物
　　have an influence on ～に影響を与える　　total 全体の　　mayonnaise マヨネーズ
　　shampoo シャンプー　　soy sauce しょう油　　cooking oil 料理用の油　　drain ～を流す
　　bathtub 浴槽　　clean enough for fish to live in 魚が住めるほど十分にきれいな
　　reduce ～を減らす　　some day いつか

長文問題4

図書委員の健二さんは、来月発行の「図書だより(Library News)」の編集をしています。次の英文は、健二さんと英語のスミス先生(Ms. Smith)との会話です。これを読んで、後の1〜8の問いに答えなさい。

Ms. Smith: Hi, Kenji. What are you doing?
Kenji: Hello, Ms. Smith. I'm making the Library News for next month.
Ms. Smith: Oh, what is the topic for October?
Kenji: I will ask some teachers and students to write about their favorite books.
Ms. Smith: [①]
Kenji: Ms. Smith, do you like reading books?
Ms. Smith: Of course. I can't imagine my life without books. People call me a bookworm.
Kenji: A bookwo...? What is that?
Ms. Smith: It's a little living thing which eats books. But it also means a person who likes reading very much.
Kenji: I see. Could you write in the Library News?
Ms. Smith: Sure. I have many books I love to read. It is difficult to choose one.
Kenji: Why don't you tell us about a good English book for Japanese students?
Ms. Smith: Nice idea! I know a good picture book. ②It is 【book / woman / wonderful / a / an / American / by / written】. She wrote it for her mother.
Kenji: Why did she write it for her mother? I think picture books are usually written for small children.
Ms. Smith: ③Usually they are, but some picture books can teach adults a lot. The woman's mother was very old and couldn't remember much. They couldn't talk together because her mother forgot many words.
Kenji: [④]
Ms. Smith: Yes, but the woman didn't give up. She wanted to enjoy life with her mother, so she wrote the book. The story is about her mother's favorite things. Her mother liked looking at the pictures and then started talking about them.
Kenji: Wow, wonderful!
Ms. Smith: ⑤The book changed her mother's life, and the woman became happy.
Kenji: I really want to read it. Please write about that book!
Ms. Smith: OK. Kenji, do many students enjoy reading books?
Kenji: Well, I think most students like reading, but some of my friends don't have much time to read. ⑥Some don't know (　　　　) read.
Ms. Smith: I see. I want many students to know reading is fun. Books will teach them many good things.

Kenji: I agree. When I read books, their words often make me happy.

Ms. Smith: Yes. Reading books alone is fun, but it is also interesting to read books with your friends and talk about them later. You can share ideas and learn a lot of new things.

Kenji: You're right. I've enjoyed talking with you today. Could you talk to my friends about your favorite books? Please show us that picture book, too!

Ms. Smith: Sure. I'd like to do that.

Kenji: Thank you.

1. [①], [④] に入る最も適当なものを, ア～エからそれぞれ1つ選びなさい。
   ア．Oh, that's sad.　　イ．I don't think so.
   ウ．I think it's true.　　エ．That sounds interesting.

2. 「図書だより10月号」の [あ] には, 今月の特集のタイトルが入ります。そのタイトルとして最も適当なものを, ア～エから1つ選びなさい。
   ア．大好きな言葉　　イ．読書のすすめ　　ウ．お気に入りの一冊　　エ．読書の喜び

3. 下線部②が次の意味を表すように, 【 　 】内の語を並べかえなさい。
   『それはアメリカの女性によって書かれたすばらしい本です。』

4. 下線部③の意味として最も適当なものを, ア～エから1つ選びなさい。
   ア．絵本は普通幼い子どもに読まれている
   イ．絵本は普通幼い子どものために書かれている
   ウ．絵本は大人のために書かれることがある
   エ．絵本は大人が子どものために読むものである

5. 下線部⑤でスミス先生は, 母親の生活が絵本によって変わったと述べています。どのように変わったのか, 日本語で説明しなさい。

6. 下線部⑥が次の意味になるように, (　　) に適当な英語を2語入れなさい。
   『何を読めばよいのか分からない人もいます。』

7. 次の (1), (2) の問いに対して, 3語以上の英文で答えなさい。
   (1) Why is Ms. Smith called a bookworm?
   (2) Does Ms. Smith think reading books with others is interesting?

8. 本文の内容に合っているものを, ア～エから1つ選びなさい。
   ア．Kenji asked Ms. Smith to choose a good English book for his mother.
   イ．Ms. Smith believes only small children can enjoy reading picture books.
   ウ．The story Ms. Smith told Kenji made him interested in the picture book.
   エ．Kenji was happy because he enjoyed reading a lot of books with Ms. Smith.

注　topic 話題　　imagine 想像する　　picture book 絵本　　adult(s) 大人
　　forgot＜forget（忘れる）の過去形　　give up あきらめる　　alone 一人で　　share 共有する

次の英文を読んで、あとの(1)〜(4)に答えなさい。

Yuka went to Okinawa with her family last year. The beach in front of their hotel was very beautiful. She enjoyed staying there, but there was one thing she couldn't enjoy. It was swimming. She couldn't swim well. Yuka's father thought about things Yuka could enjoy.

On the second day, her father said to her family, "Let's walk under the sea today." When Yuka's brother heard that, he said, "_____(A)_____?" "That's easy. You just put on a special helmet on your head. You can breathe in air. An instructor will be with us," said her father. Her brother said, "That will be nice. I want to try it." Her mother also agreed. Yuka didn't like (B)the idea, but she went to the beach with them.

They listened to the instructor. Yuka understood that it was not dangerous to walk under the sea. Her father went into the sea after the instructor, and then her brother went after them. When her mother was going into the sea, Yuka suddenly began to cry. "Are you all right?" her mother asked. "I can't do it," Yuka answered. Yuka and her mother didn't walk under the sea that day and went back to their hotel.

Yuka's father took some pictures of fish under the sea and showed them to Yuka. She thought they were very beautiful. "I gave them food. It was fun. You should try it!" her brother said.

That night, Yuka had a dream. In her dream she enjoyed walking under the sea with a lot of fish around her. They were very beautiful. When she tried to touch them, she woke up. "I want to see those beautiful fish with my eyes," Yuka thought.

Next morning Yuka got up early and said to her family, "Can I see the beautiful world under the sea?" Her mother smiled and said, "All right, Yuka. _____(C)_____." She went to the beach again with her family.

Yuka took a deep breath and went into the sea after her mother. Under the water she saw many kinds of fish around her. She was really happy.

After the walk under the water, Yuka said to her father, "It was wonderful. Thank you very much." "Do you want to come back again and swim with the fish?" her father asked. "Of course!" Yuka answered and smiled.

(1) 下線部(A), (C)には, 次の1～4のうち, どれを入れればよいか。それぞれ1つ選び, 記号で答えなさい。

(A) 1. Do you know where we are

2. Do we go there by car

3. How can we do it

4. Who will listen to us

(C) 1. Let's try it again

2. We are going to stay in our room

3. I'll ask you one thing

4. You can watch TV

(2) 下線部(B)の内容として適切なものを, 次の1～4から1つ選び, 記号で答えなさい。

1. To enjoy walking on the beach in front of her hotel.

2. To walk under the sea with a special helmet.

3. To listen to the instructor and swim with him.

4. To get up early in the morning and go to the beach.

(3) 本文の内容に合うものを, 次の1～4から1つ選び, 記号で答えなさい。

1. Yuka's father knew that she was tired when they got to their hotel.

2. Yuka's brother thinks that it's dangerous to go into the sea.

3. Yuka's mother asked Yuka to take some pictures under the water.

4. Yuka wants to visit Okinawa again to swim with the beautiful fish.

(4) 次の文は, 本文を要約したものである。本文の内容に合うように, 次の下線部(a)～(d)に入る適当な英語を, 1語ずつ答えなさい。

　　Last year Yuka went to Okinawa with her ____(a)____ and her brother. They stayed at a hotel. There was a beautiful beach in front of it.

　　Yuka had a problem. She couldn't swim well. She felt ____(b)____ . Yuka's father wanted to make her happy. So he wanted her to walk under the sea with him, but she couldn't do it. She cried.

　　That night, Yuka walked under the sea and saw many fish around her. But it was just a ____(c)____ .

　　When Yuka got up the next morning, she wanted to ____(d)____ the world under the sea. Yuka and her mother went into the water. She enjoyed her walk very much.

(a)_____ (b)_____ (c)_____ (d)_____

注　beach 浜辺　couldn't＜could notの短縮形　put on 着用する
　　special helmet 特別なヘルメット　breathe in air 空気を吸い込む
　　instructor インストラクター／指導者　dangerous 危険な　suddenly 突然
　　touch 触れる　woke up 目覚めた　take a deep breath 深呼吸する

長文問題6

宮城県

次の英文は，同級生の健とトムとの会話です。この英文を読んで，あとの1～6の問いに答えなさい。

　　　Last Sunday. Tom went into a cake shop.
Ken:　(　①　) I help you?
Tom:　Oh, Ken! What are you doing here?
Ken:　Well, this is my father's shop, Tom. My mother usually works with him, but she has a cold and is staying home today.
Tom:　I see. Are you doing well?
Ken:　Yes, it's fun to sell cake to customers. But it's hard for me to wrap a box of cake.
Tom:　Don't worry. I think you can learn ②it soon.
Ken:　Thank you.
Tom:　And I want to buy some cake for my sister. Which cake is popular?
Ken:　Well, this one... and that one. Girls love them.
Tom:　Mmm.... OK, I'll take this. I want four, please.
Ken:　Thank you very much. Here you are.
Tom:　Thanks. Bye, see you tomorrow.

　　　The next day, Ken and Tom talked at school.

Tom:　③The (made / cake / father / was / your) delicious! My sister was happy, too!
Ken:　Thank you. Please come and buy some cake again.
Tom:　OK. Were you busy yesterday?
Ken:　Yes, a lot of customers came to our shop. I was standing for a long time. And I am still tired. But I think it was a good experience for me.
Tom:　That's good.
Ken:　When the customers got some cake from me, they smiled and said, "Thank you." I was very happy.
Tom:　Oh, I see. Is your mother still sick today?
Ken:　No, she isn't. She is working with my father as usual. ④(だから今日は手伝う必要はないんだ。) I'm going to do my homework and watch TV.
Tom:　Do you want to help your father again?
Ken:　Yes, I do! This morning my father said to me, "Thank you, Ken. You worked very hard yesterday." I was very glad to hear that.
Tom:　That's great, Ken!

1. 本文中の(　①　)に入る適切な**英語**を**1語**書きなさい。

下線部②のitの示す内容を，次のア～エから1つ選び，記号で答えなさい。
- ア．to buy some cake
- イ．to sell cake to customers
- ウ．to wrap a box of cake
- エ．to make delicious cake

3. 下線部③の（　　）内の語を正しく並べかえ，英文を完成させなさい。

_____

4. 下線部④の（　　）内の日本語を英語に直しなさい。

_____

5. 次の(1), (2)の質問に対する答えを，本文の内容に合うように英語で書きなさい。
   (1) Where did Ken talk with Tom last Sunday?

   _____

   (2) How was Ken's mother last Monday?

   _____

6. 次の英文は，トムが書いた日記です。本文の内容に合うように ⑤ ，⑥ に入る適切な**英語**をそれぞれ**1語**ずつ書きなさい。また，（ ⑦ ），（ ⑧ ）に入る最も適切な語を，あとのア～オからそれぞれ1つずつ選び，記号で答えなさい。

Sunday, April 16

　I went to a cake shop to buy some cake for my sister. I ⑤ surprised to see Ken there. He was helping his father. I ⑥ some cake from him. My sister was very happy to eat the cake. I was happy, too.

Monday, April 17

　I talked with Ken at school. He said, "I had a good experience yesterday." He looked very happy （ ⑦ ） we were talking. I'm going to help my family like Ken. I think doing something for my family will （ ⑧ ） them happy.

　　　ア．become　イ．while　ウ．give　エ．make　オ．between

---

⑤_____　⑥_____　⑦_____　⑧_____

注 sell 売る　customers 客　tired 疲れている　experience 経験
as usual いつものように

長文問題 7

次の英文を読んで，あとの(1)～(7)の問いに答えなさい。

　Do you have any pets? The answers to one questionnaire say that about 50% of people have a pet. About 63% of the people who do not have any pets now want to have a pet. Some people do not have any pets now and do not want to have pets. Does it mean they do not like animals? _AThe answer is "No". About 75 % of them say that they like animals. What animal would you like to have as a pet? A cat? A dog? A bird? The questionnaire shows that dogs are very popular pets.

　Why do so many people want to have pets? First, living with pets makes people happy. A pet is a very important (　B　) to people. People feel relaxed when they are with their pets. 　a　 People in one family often enjoy playing with their pet together. They also enjoy talking about their pet. Third, _Cit is good for children to take care of pets. Taking care of pets is a lot of work. For example, if we have a dog, we have to give it food and walk with it every day. Sometimes we have to take it to the doctor. By taking care of pets, children feel love for their pets and learn that life is very important.

　_DPets are also very useful for sick people and old people. Walking with a dog is good for them. When they see a cat playing with a ball, they smile. When they are with their pets, they often feel happy. So pets can help people. 　b　

　There is a story of a pet that helped an old woman. She was very sick, and she could not move for many days. One day the doctor brought her dog to her bed. Then the woman's hand moved slowly to the dog, and she smiled. After that she got well. She called the dog "my friend."

　But there are some bad things about pets too. Some animals make a lot of noise, and some animals are dangerous if we do not take care of them. 　c　 We should remember that some people do not like animals. They complain about the bad things our pets do.

　We often hear sad stories about pets. Some people throw their pets out when they do not want to take care of them. Those pets are sad and need help. _EThese people do not understand that the lives of pets are as important as the lives of people.

　Pets make us happy, so we have to be a good friend to our pets too. To be a good friend to them, we have to try to understand how they feel. That is very important. 　d　 Let's think of our pets as our friends or family. Then both we and our pets will be happy.

(1) 下線部Aについて，なぜそのように言えるのか，最も適当なものを，次のア～エから一つ選び，その符号を書きなさい。
　ア．現在ペットを飼っていて，今後も飼い続けたいと思っている人々の75%は，動物が好きだから。
　イ．現在はペットを飼っているが，もう飼いたくないと思っている人々の75%は，動物が好きではないから。
　ウ．現在ペットを飼っていないし，飼いたいと思っていない人々の75%は，動物が好きだから。
　エ．現在はペットを飼っていないが，以前飼ったことのある人々の75%は，動物が好きではないから。

(2) 次の英文は，文中のaからdの□のどこに入れるのが最も適当か。当てはまる符号を書きなさい。
Second, a pet makes communication easy in a family.

(3) 文中のBの(　　)の中に入る最も適当な語を，次のア～エから一つ選び，その符号を書きなさい。
　ア．dog　　イ．friend　　ウ．story　　エ．work

(4) 下線部分Cについて，そのように言える理由を，本文の内容に沿って日本語で書きなさい。

(5) 下線部分Dについて，ペットによって病人が回復した本文中の例を，病状の変化も含め，具体的に日本語で書きなさい。

(6) 下線部分Eはどのような人々を指しているのか，最も適当なものをア～エから一つ選び，その符号を書きなさい。
　ア．People who go to see a doctor　　イ．People who need help
　ウ．People who take care of their pets　　エ．People who throw their pets out

(7) 次の①～②の問いに対する答えを，それぞれ3語以上の英文で書きなさい。
　① To take care of a dog, what do we have to do every day?

　② What is important if we want to be a good friend to our pets?

注　pet ペット　　questionnaire アンケート　　animal 動物　　feel relaxed くつろいだ気分になる
　　take care of ～ ～の世話をする　　life 命　　noise 騒音　　dangerous 危険な
　　complain 不平を言う　　throw ～ out ～を捨てる　　lives＜lifeの複数形
　　think of ～ as ... ～のことを…だと思う

長文問題 8

岐阜県

次の文は，中学生の春江（Harue）が，ALT（外国語指導助手）として学校に来ていたブラウン先生（Ms. Brown）に書いた手紙の英文です。1〜5の問いに答えなさい。

Dear Ms. Brown,

　Hello. You went back to Canada in August last year. I hear you teach Japanese now at a high school in Canada. How have you been?

　I remember you said in class, "My favorite expression is ①*'precious encounter'*. It is a little difficult for me to explain it in easy English, but in my opinion, it means to find good friends. It is important to find good friends because they will give you great power."

　In July this summer, I climbed a mountain on a school trip. Then I had a good experience and I remembered your words. So, I'm going to write about it.

　That day I woke up at six o'clock in the morning. It was a little hot and the rising sun was beautiful. I thought, "It's going to be a fine day. I hope I can climb to the top of the mountain."

　We started to climb at seven o'clock. Everyone looked happy. I was fine, too. We talked a lot and sometimes sang songs.

　We walked for two hours, and then had a rest. Trees were short there and we could see other beautiful mountains around us.

　When we started again, I felt very tired. I said to our teacher, Ms. Suzuki, "I'm sorry but I can't walk." Then she said, "OK. Stay here for some time. I will be with you. It's nine thirty. We have time."

　My friends in my group looked worried, and then one of my friends, Tomoko, said, "We will stay here with you, Harue. Is that OK, Ms. Suzuki?" Ms. Suzuki said, "(　②　)" So, I felt happy.

　I felt a little better after some time. I said to Tomoko "I'm sorry. You will be late." She answered, "Don't worry. We are friends. I want to look down on the world from the top of this mountain together. It will be very beautiful." She smiled. I said, "Thank you, Tomoko. I will try again."

　We started again at nine forty-five. I was still tired, but I felt some power. It came from my friends. They didn't say anything when we were walking, but I felt their warm hearts. This is my own *'precious encounter'*. Do you think so, Ms. Brown?

　When we got to the top, I said to my friends: "Thank you, my friends. ③I'm very happy now. That's not because I got to the top. The idea that I have good friends makes me very happy."

　This is the picture Ms. Suzuki took at the top of the mountain. When she took it, it was cold and the wind was strong. But the wind on my cheek was very comfortable for me.

Thank you for reading my letter. If you have time, please write back.

Love,
Harue

1. ブラウン先生は下線部①のことばの意味を，どのようなことだと説明していますか。日本語で書きなさい。

   _____

2. 本文中の(②)に入れるのに最も適切なものを，次のア〜エの中から一つ選び，その符号を書きなさい。 _____
   ア．No, I can't hear you.　　　　イ．Yes, I have already finished my lunch.
   ウ．No, you should stay here.　　エ．Yes, you can stay here with Harue.

3. 下線部③で，春江がとてもうれしかったのは，どのようなことを感じたからだと言っていますか。日本語で書きなさい。
   _____ ということ。

4. 次の(1), (2)の質問に対する答えを英語で書きなさい。ただし，_____ 部分には一語ずつ書くこと。
   (1) How long did Harue take a rest when she felt tired?
       She took a rest _____ _____ minutes.
   (2) Was it warm at the top of the mountain?
       _____ , it _____ .

5. 本文の内容に合っているものを次のア〜オの中から二つ選び，その符号を書きなさい。
   ア．Harue didn't want to climb the mountain in the morning because she was sick.
   イ．Ms. Suzuki told Harue to go down the mountain soon when she was tired.
   ウ．Harue was tired all the time when she was climbing the mountain.
   エ．Harue and her friends looked happy when they started in the morning.
   オ．Harue thanked Ms. Brown in her letter and asked her to write back.
   _____ _____

注　expression 表現, ことば　　explain 説明する　　power 力　　climb 登る　　experience 経験
　　top 頂上　　rest 休憩　　heart(s) 心　　cheek 頬　　comfortable 心地よい

長文問題9

愛知県
解答と解説は別冊p.35

次の文章を読んで, あとの(1)から(7)までの問いに答えよ。

　Did you learn about the problem of garbage and recycling in junior high school? This is one of the biggest problems we have in towns and cities. Let's think about it to make our life (　①　).

　How much garbage do we dispose of in Japan? Look at Graph A. From 1999 to 2002, each of us disposed of more than 1.1 kg of garbage every day, but the amount of garbage was reduced after 2000. The rate of recycling in Japan (　②　) and improved by 3% during these three years. This shows that we were more careful about garbage and more interested in recycling during these years.

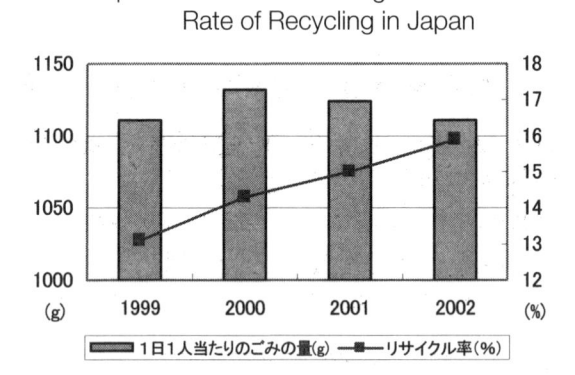

Graph A: Amount of Garbage and Rate of Recycling in Japan

　What can we do to reduce the amount of garbage in our everyday life? There are two ways to reduce our garbage. One way is to save our resources. For example, we can write on both sides of our paper. We can use our own bags when we go (　A　) at the market. We can take our leftover food home from a restaurant. The other way is to start recycling garbage. ③Separating (the / thing / do / to / is / first / for / garbage) recycling. We should separate garbage like cans, bottles and paper. If we don't do this carefully, we need more energy and more money in towns and cities.

　What else should we do to reduce garbage and to start recycling? We usually have garbage boxes for recycling at schools and at train stations. Do you separate your garbage carefully when you throw it into garbage boxes? ④The most difficult thing is (　ア　) to change our way (　イ　) thinking about garbage and recycling.

(1) (　①　)にあてはまる最も適当な語を, 次のアからエまでの中から選んで, そのかな符号を書け。
　ア. shorter　　イ. better　　ウ. harder　　エ. longer

(2) (　②　)にあてはまる最も適当な語句を, 次のアからエまでの中から選んで, そのかな符号を書け。
　ア. became short　　イ. became long　　ウ. went down　　エ. went up

(3) （　A　）にあてはまる最も適当な語を，次の4語の中から選んで，正しい形にかえて書け。
　　walk　　swim　　run　　shop

(4) 下線③のついた文が，「ごみを分別することは，リサイクルのためにするべき最初のことです。」となるように，（　　　）内の語を正しい順序に並べかえよ。

(5) 下線④のついた文が，「最も難しいことは，ごみやリサイクルについての私たちの考え方をどのようにして変えるかということです。」となるように，（　ア　），（　イ　）のそれぞれにあてはまる最も適当な語を書け。

　　ア＿＿＿＿＿＿　イ＿＿＿＿＿＿

(6) 次のアからエまでの文の中から，その内容が本文に書かれていることと一致するものを一つ選んで，そのかな符号を書け。
　　ア．In Graph A, the amount of garbage that each of us disposed of every day in Japan became smaller after 2000.
　　イ．We became more careful about recycling, but from 1999 to 2002 the rate of recycling did not improve.
　　ウ．Saving our resources is not a good way to reduce garbage because we can recycle garbage in Japan.
　　エ．Usually we can't see garbage boxes at schools or at train stations because we have to take the garbage home.

(7) 次の文章が，本文の要約となるように，（　ア　），（　イ　）のそれぞれにあてはまる最も適当な語を，本文中から抜き出して書け。

　　From 1999 to 2002, each person in Japan disposed of more than 1.1 kg of garbage every day. There are (　ア　) ways for reducing the amount of garbage: to save our resources and to start recycling. We need to separate garbage for recycling, and we should (　イ　) the idea we have about garbage and recycling.

　　ア＿＿＿＿＿＿　イ＿＿＿＿＿＿

注　garbage ごみ　recycling リサイクル　dispose of ～ ～を捨てる　Graph A グラフA
　　each of us 私達一人一人　more than ～ ～より多くの　amount 量　reduce 減らす
　　rate 率　improve by 3% 3%改善する　way 方法
　　save our resources 資源を大事にする　leftover food 残った食べ物　separate 分別する
　　cans 缶　energy エネルギー　difficult 難しい

長文問題10

長野県

次の英文は，19世紀(the 19th century)の科学者マイケル・ファラデー(Michael Faraday)と，彼がクリスマス(Christmas)にロンドン(London)でおこなった講演(lecture)について書かれたものです。英文を読んで，各問いに答えなさい。

　Every year at Christmas time in London, famous scientists give lectures for young people. This is a kind of a science show and young people enjoy it. It started about 180 years ago and it is called the Christmas Lectures.

　Do you know about Michael Faraday? He was one of the famous scientists of the 19th century. Even today, we use his ideas in our lives, for example, in *electric motors and generators. He was one of the people who started the Christmas Lectures.

　One winter day in 1860, a lot of people came to Faraday's Christmas Lecture. This was his last Christmas Lecture. He was 69 years old then and already very famous. The people thought that he was going to show them something new, but Faraday just *took out a *candle and said, "This is only a candle, but it can show us a lot about the *secrets of *nature."

　Faraday was born in 1791. His family was *poor, so he had to start working at a bookshop when he was 13 years old. He was lucky because the *shop owner was kind and he could read a lot of books there. He became interested in science and even tried some *experiments in the books. Doing experiments was exciting for him. He wanted to become a scientist, but did not know how.

　One day, a man who often came to the shop gave him a *ticket for a famous scientist's lecture because he (know) that Faraday was very interested in science. Faraday went to the lecture and wrote down every word and all the experiments in his notebook. After this, he made a book about the lecture, and sent it to the scientist with a letter. In the letter, he wrote that he really wanted to study science. The scientist answered the letter and said, "If you want, you can work as my *assistant."

　Faraday, now 69 years old, was remembering the exciting *feelings he had when he started his own experiments. At the lecture, he wanted to *share those feelings with the young people there. By doing a lot of interesting experiments, he showed what a candle was made from, how it *burned and why. He showed that it was exciting to learn the secrets of nature in simple things like a candle. The people enjoyed his lecture a lot.

　The Christmas Lectures have *continued until today and Faraday's *spirit still *lives on.

(1) 下線部の(　　　)の内の語を，最も適切な形になおして，1語で書きなさい。
　　＿＿＿＿＿＿

(2) 次の(a), (b)の(　　　)内に入る最も語を適切な1語を，それぞれ本文中から抜き出して書きなさい。
　　(a) If someone is (　　　), a lot of people know about him or her.
　　(b) If you study (　　　), you will know a lot of things about nature. It is also one of the *subjects you study in junior high school.
　　　（注）subject(s) 教科

(3) 本文の内容について，次の(a), (b)の質問に英語で答えなさい。答えは(　　　)に1語ずつ書きなさい。(b)の答えは，本文中から最も適切な部分を1か所抜き出して書きなさい。
　　(a) Was Faraday born in 1860?
　　　　――(　　　), he (　　　).
　　(b) Who gave Faraday a ticket for a famous scientist's lecture?
　　　　――(　　　) (　　　) (　　　) (　　　) (　　　) (　　　) (　　　) (　　　) did.

(4) ファラデーについて書かれた次のア～カの文を，本文をもとに，時間の経過にそって古い順に並べかえて，左から順番に記号を書きなさい。　＿＿＿＿＿＿＿＿
　　ア．He wrote a letter to a famous scientist.
　　イ．He started working at a bookshop.
　　ウ．He became interested in science.
　　エ．He gave his last Christmas Lecture.
　　オ．He became a famous scientist.
　　カ．He became an assistant for a famous scientist.

(5) 本文の内容と合っているものを，次のア～オから1つ選び，記号を書きなさい。　＿＿＿＿＿
　　ア．The people were not happy because Faraday used a candle in the lecture.
　　イ．Faraday started working at a bookshop because he didn't want to go to school.
　　ウ．Faraday tried to learn about the secrets of nature only by reading books.
　　エ．The people who understood Faraday gave him chances to become a scientist.
　　オ．At the lecture, Faraday wanted to show that studying science was very difficult.

(6) 本文の内容を簡潔にあらわしているものとして最も適切なものを，次のア～オから1つ選び，記号を書きなさい。

　　ア．Faraday and his friends in London
　　イ．Faraday, the person who made candles
　　ウ．Faraday, his life and his message
　　エ．Faraday and his family in London
　　オ．Faraday and his bookshop in London

注　electric motors and generators 電動機（モーター）や発電機
　　took out＜take out（取り出す）の過去形　　candle ろうそく　　secret(s) 秘密
　　nature 自然　　poor 貧しい　　shop owner 店の主人　　experiment(s) 実験
　　ticket 券　　assistant 助手　　feeling(s) 気持ち　　share 共有する
　　burn(ed) 燃える　　continue(d) 続く　　spirit 精神　　live(s) on 生き続ける

第4章

英作文問題にチャレンジ

英作文について

　英語の長文問題は、問題に内容を表す説明がついていたり、注釈を最初に見ることで、文章の流れが何となく分かることがある。その上で問題を解くと、なんとなく解答できてしまうことさえある。この「なんとなく読み」で点数を取ったからといって、本当に英語の力がついているのだろうか。いや、ついていないだろう。

　英作文は、「なんとなく」では答えられない。主語と動詞の組み合わせはどうするのか、目的語や補語はどうするのか、前置詞を入れるのか入れないのか、名詞は単数なのか複数かなど、全てを自分で作らなければならない。テーマが与えられ、自分で複数の文を作るのであれば、英文の展開をどうするのか、結論をどうするのかなど、自分の作文能力が試される。

　英作文の出題については、都道府県や学校によって大きな違いがあるので、必ず過去の出題例にあたり、先生に添削をしてもらうことが最良の勉強方法だろう。ここでは、典型的な英作文の問題をいくつかを見て、どのようなパターンが出題されても、取り組むことができる基礎力を作ってもらいたい。

英作文問題1

茨城県

解答と解説は別冊 p.38

ALTのDavis先生から、あなたに次のような宿題が出ました。下の(1), (2)の問いに答えなさい。ただし、符号（, . ? ! など）は語数には含まないものとする。

Homework
　Question 1 : Which season do you like the best.
　Question 2 : Why do you like the season?

---

(1) Question 1に英語4語以上、8語以内で答えなさい。

(2) Question 2に英語20語以上、30語以内で答えなさい。

〈解答欄〉

(1)

(2)

英作文問題2

富山県

解答と解説は別冊p.38

ALTに自分の兄（広太）を紹介します。次の4つのことがらから2つ選び，最初の文に続けて2文で紹介しなさい。

1. 家族の中で一番背が高い。
2. カナダへ行ったことがある。
3. アメリカ製自動車を所有している。
4. 趣味は野球観戦である。

紹介文

I am going to tell you about my brother Kota.

1文目 _____

_____

2文目 _____

_____

英作文問題3

千葉県

解答と解説は別冊p.38

　あなたは、ホームステイ先で友だちになったポール(Paul)と、スーザン(Susan)のことについて話をしています。対話の流れに合うように(　　　)の中にあなた自身の考えを英語で書きなさい。ただし、文の数は2文以上とし、全体の語の数は20語程度(．，？！などの符号は語数に含まない)とすること。また、場所の名前や人名などの固有名詞は、ローマ字で書いてもよい。

Paul : Susan will be 15 years old soon. Did you know that?

You　: No, I didn't. When is her birthday?

Paul : Next Sunday. Let's do something for her.
　　　　Do you have any good ideas?

You　: Well, how about this?(　　　　　　　　　)

Paul : That sounds good. She will be happy about that.

〈解答欄〉

英作文問題 4

福井県

解答と解説は別冊 p.39

次の質問に対するあなたの答えを30語程度の英語で書け。ただし，符号（，．？！など）は語数には含めない。

What was the happiest thing in your school life?

（あなたの学校生活で最も楽しかったことは何でしたか）

〈 解答欄 〉

英作文問題5

埼玉県

解答と解説は別冊p.39

　英語の授業で，ALTのMollyは，自宅がある広大な敷地の様子を，次のA〜Cの写真を使って紹介しました。これを見て，問いに答えなさい。

A　数十人がその下に入ることができる木々

B　見わたす限り続く広い草原

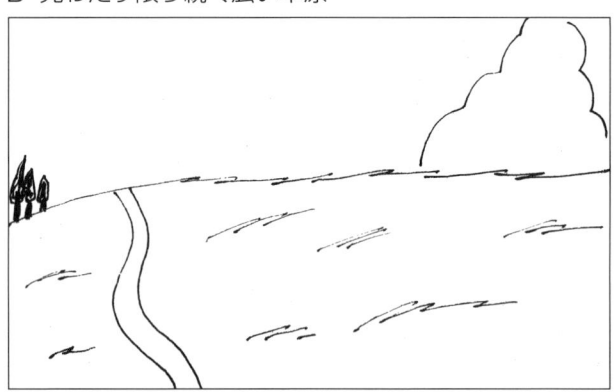

C　多くの魚が泳ぐ穏やかできれいな川

Mollyが紹介したA〜Cのうち，あなたが好きな場所を1つ選び，そこで，誰(だれ)と，何をしたいのか，その理由も含めて，まとまった内容の文章を5文以上の英文で書きなさい。最初の文は，「私は(場所の記号：A〜Cのうち1つ)が好きです。」という内容の英文で書き始めなさい。なお，この最初の文も5文に含めるものとします。

〈 解答欄 〉

● 著者紹介

組田幸一郎（くみた・こういちろう）
千葉大学大学院修了，現在，千葉県立成田北高等学校教諭。著書に『高校入試短文で覚える英単語1700』（文英堂・2006），『高校これでわかる基礎英語』（文英堂・2003），『成長する英語教師をめざして』（ひつじ書房・編共著）などがある。

松井孝志（まつい・たかし）
東京外国語大学卒業後，都立高校教諭，都内私立高校教諭を経て現在，山口県鴻城高等学校教諭。ELEC同友会英語教育学会ライティング研究部会部長。著書に『パラグラフ・ライティング指導入門』（大修館書店・共著），『学習英文法を見直したい』（研究社・共著）がある。

● 執筆協力　高城久代（東京学館高等学校），小嶋史也
● 編集協力　㈲アートマン

シグマベスト
高校入試スーパーゼミ英語

本書の内容を無断で複写（コピー）・複製・転載することは，著作者および出版社の権利の侵害となり，著作権法違反となりますので，転載等を希望される場合は前もって小社あて許諾を求めてください。

© 組田幸一郎，松井孝志　2007　　Printed in Japan

著　者　組田幸一郎，松井孝志
発行者　益井英博
印刷所　凸版印刷株式会社
発行所　株式会社　文英堂
〒601-8121　京都市南区上鳥羽大物町28
〒162-0832　東京都新宿区岩戸町17
（代表）03-3269-4231

● 落丁・乱丁はおとりかえします。

高校入試 スーパーゼミ 英語

解答と解説

文英堂

第1章 英文法・語法

1 接続詞① 等位接続詞

1 [解答] (1) and (2) or
[解説] (1)「東京に行って,友人と会う」という時間的なつながりを表している。
(2) coffee or tea. どちらかの選択。

2 [解答例] (1) 私の父と母はたいして上手に英語を話さない。
(2) あなたは新しい友だちと先生に出会うでしょう。
(3) 私はその女の子に興味を持ち,会いたかった。
[解説] (1) andはfatherとmotherをつなげている。not～very wellで「たいして～でない」という意味。
(2) be going to ～ は「～するつもりだ」という未来を表す表現。andはfriendsとteachersをつなげている。
(3) andはwas interested in the girlとwanted to meet herをつなげている。be interested in ～ は「～に興味がある」, want to *do* は「*do*したい」

3 [解説] (1) There are many parks and churches in London.
(2) I'll go and buy your father's vegetable.
(3) There are (many students who enjoy both studying and playing sports in this school).
[解説] (1) There is [are]～「～がある[いる]」。many parks and churchesを1つのまとまりと考える。
(2) go and buy ～は「～を買いに行く」という意味。
(3) There is[are] ～「～がある[いる]」。studentsをwho ～ in this schoolが飾っていて, studying and playing sportsを1つのまとまりと考える。

4 [解答例] (1) The hotel is between the hospital and the park.
(2) I visited Japan and had a good time.
(3) I was born and brought up in Seattle.
[解説] (1) between A and Bで「AとBとの間」。Aがthe hospital, Bがthe park。
(2)「訪れて,過ごした」という時間的なつながりをandで表している。「よい時を過ごす」はhave a good time。
(3) be bornは「生まれる」, bring upは「育つ」という意味。「生まれて,育った」という時間的なつながりをandで表している。

2 接続詞② 従位接続詞①

1 [解答] (1) When (2) because
[解説] (1)「時」(～するとき) を表す接続詞はwhen。
(2)「理由」(～なので)を表す接続詞はbecause。

2 [解答例] (1) やらなければいけない宿題がたくさんあるので,私たちはとても忙しい。
(2) この歌を歌うと,私たちは自分たちのクラスを思い出すことができる。
(3) 私は知っている人がみんな死んだ後に,生きたくない。
[解説] (1) because ～ がbusyの理由となっている。a lot of homework to doは「やらなければならないたくさんの宿題」。
(2) can rememberは「思い出すことができる」, when ～は「～するとき」という意味。
(3) want to liveは「生きたい」, after ～は「～の後」, everyone I knowは「私の知っているみんな」という意味。p.28〈関係代名詞②〉を参照。

3 [解答] (1) I'll (teach it to you when you come) again.
(2) I (did the work because I was asked to do) it.
(3) Fred (went to the movies after he finished) his homework.
[解説] (1) teach ～ to ... で「～を…に教える」
(2) 従節が受け身になっていることに注意。be asked to *do*は「*do*するよう頼まれる」。
(3) go to the moviesで「映画に行く」。

4 [解答例] (1) When you borrow a book,
(2) I learned a lot about America before

I left Japan.
(3) because I am interested in Chinese history.

解説 (1)「本を借りる」はborrow a book。
(2)「〜の前」というときは，beforeを使う。「日本を離れる」はleave Japan。
(3) 主節は「中国に行きたい」であることに注意。「〜に興味ある」はbe interested in 〜，「中国の歴史」はChinese history。

3 接続詞③ 従位接続詞②

1 **解答** (1) I want to see him.
(2) let's play tennis.

解説 (1)「もし彼が来たら，彼に会いたい」if節は未来のことであっても，現在形を使う。want to seeは「会いたい」。
(2)「明日雨が降らなければ，テニスをしよう」

2 **解答例** (1) あなたのように英語を読んだり書いたりできるといいな。
(2) もし私たちが力を合わせれば，大きなことができる。
(3) 私は，全ての町にはその町独自の大切なことがあるのだと思う。

解説 (1) I hopeのあとのthatが省略されている。andはreadとwriteをつなげている。like youは「あなたのように」。このlikeは「好き」という意味でないことに注意。
(2) get togetherで「力を合わせる」，do big thingsは「大きなことをする」。
(3) thinkの後にthatが省略されている。its own important thingsのitsはthe townを指しており，「その町独自の大切なこと」となる。

3 **解答** (1) Do (you think he will come to school) tomorrow?
(2) (If you draw your favorite things), you can enjoy drawing.
(3) (Some scientists believe that they can make a perfect clone of a living thing if they have) its DNA.

解説 (1) thatが省略されていることに注意。come to schoolで「学校に来る」。

(2) your favorite things（あなたの好きなもの）で，1つのまとまりと考える。
(3) やや難問。some scientists believe that ... で「科学者の中には…と信じている人もいる」と if ... で「もし…なら」があわさっている。「完璧なクローン」はa perfect clone，「生物」はa living thing。

4 **解答例** (1) If you have any questions, please ask me.
(2) I hope many people will come.

解説 (1) 条件なので，ifを使う。「質問があれば」は「質問を持っていれば」= have any questionsと考える。
(2)「〜だといいですね」と希望を表すときはI hopeを使う。

確認問題1〈接続詞〉

1 **解答例**

My father came back and he ate dinner.「父は帰ってきて，食事を食べた」
Do you want to eat lunch or do you want to drink coffee?
「昼食を食べたいですか，それともコーヒーを飲みたいですか」
I wanted to telephone her but I didn't have her number.
「彼女に電話をかけたかったが，彼女の番号を知らなかった」

解説 (1) andは時間的なつながりを表している。come back「帰る」，eat dinner「夕食を食べる」という意味。
(2) A or Bで「AかBか」という意味。want to doで「doしたい」という意味。
(3) A but Bで「Aだが，しかしB」という意味。

2 **解答** ◆黒い字の記述がなくても正解です
(1) (It was raining when I) arrived.
(2) (I do my job because I like) it.
(3) (If it rains, we'll stay at) home.
(4) (I will go out after I finish my) homework.

解説 (1) 時を表すwhenで，「〜するとき」という意味。

(2) 理由を表すbecauseで,「～なので」という意味。do my jobは「自分の仕事をする」という意味。

(3) 条件を表すifで,「もし～なら」という意味。未来のことでも,if節の中は現在形であることに注意。

(4) go outは「出かける」という意味。時を表すafterで,「～の後に」という意味。

3 〔解答〕 (1) When my brother was in elementary school, he liked swimming.

(2) When my mother was in elementary school, she read many books.

(3) When Tomoko was in elementary school, she learned the piano.

(4) When Kenta was in elementary school, he lived in Hokkaido.

〔解説〕 主節の動詞が過去形になっていることに注意。readは過去形になると発音は変わるが,スペリングは変わらない。

(1) like swimmingは「泳ぐことが好き」という意味。

(2) readは過去形。発音に注意。

(3) learn the pianoは「ピアノを習う」という意味。

(4) live in ～は「～に住む」という意味。

4 〔解答〕 (1) I know that he loves me.

(2) I believe that you will win the speech contest.

(3) He understands that you are busy.

(4) I hope that she likes my present.

〔解説〕 (1) 従節の主語がheなので,動詞がlovesとなる。

(2) win the speech contestは「スピーチコンテストで優勝する」という意味。

(3) 主節の主語がHeなので動詞はunderstands。従節はyouなのでareとなる。

(4) 「SVだといいですね」はI hope that SV.となることに注意。

4 助動詞①

1 〔解答〕 (1) Will you (2) May[Can] I

〔解説〕 (1)「～してくれませんか」という相手への依頼。

(2) Mayの方がCanよりも丁寧な表現になる。

2 〔解答例〕 (1) 私は来年,文化祭で英語の落語をするつもりです。

(2) 私はこれから,歩道に自転車を絶対にとめません。

(3) レジ袋の多くはゴミになる。

〔解説〕 (1) be going to ～は「～するつもりだ」という未来を表す表現。school festivalは「文化祭」という意味。

(2) bikeは自転車という意味で使われることが多い。parkは「駐車する」「とめる」,on the sidewalkは「歩道の上に」という意味。

(3) many of ～は「～の多く」, plastic bagはスーパーなどで渡される「レジ袋」という意味。

3 〔解答〕 (1) Mom, (how will the weather be this afternoon) ?

(2) Are you going to play tennis tomorrow?

(3) Will you show me your passport?

〔解説〕 (1) beの場所に注意。天気の様子を尋ねるときはhowを使う。

(2) be going toが疑問文になっている。

(3) show ABで「AにBを見せる」という意味。A: me B: your passport。

4 〔解答例〕 (1) May I speak[talk] to Dick?

(2) I will try many new things.

(3) I hear that Mary is going to study in Japan.

〔解説〕 (1) May I speak to ～は,電話で人を呼んでもらいたいときの決まった言い方。

(2) many new thingsで1つのまとまりと考える。「新しいことをするつもり」とは,「新しいことに挑戦する」という意味なので, tryを使う。

(3)「SVらしいんだ」はI hear that SV を使う。「日本に留学する」は「日本で勉強する」と考え, study in Japanを使う。

5 助動詞②

1 [解答] (1) can (2) should
[解説] (1)可能を表しているのでcan。
(2)「〜すべき」はshould。

2 [解答例] (1) もしあなたが浴衣をとても上手に直せば,将来,自分の娘にあげることができる。
(2) 私たちは伝統的な食べ物について学び,将来のためにそれを守るべきだ。
(3) 風呂敷を使って,色々な種類のものをくるんだり,運んだりすることができる。

[解説] (1) repair the *yukata*は「浴衣を直す」,give A to Bは「AをBにあげる」,in the futureで「将来」という意味。
(2) learn about 〜は「〜について学ぶ」, keep itのitはour traditional foodを指している。andはlearn about our traditional foodとkeep it for the futureをつないでいる。
(3) many kinds of 〜で「多くの種類の〜」, with *furoshiki*のwithは「〜を使って」という意味。

3 [解答] (1) I cannot find anything good for my science homework.
(2) We (should not take a bath when we have a cold).
(3) You (will be able to save a lot of time by the machine).

[解説] (1) anything goodで「何かよいもの」, anythingは後ろから飾られる。
(2) take a bathで「お風呂に入る」, have a coldで「風邪をひいている」。
(3) 未来の可能はwill be able toを使う。

4 [解答例] (1) You will not [won't] be able to get up early tomorrow.
(2) You can see the mountain from the park.
(3) I think I should buy another bag.

[解説] (1)未来の可能はwill be able toを使う。早く起きるは get up early。
(2) 主語をYouにして,「見ることができる」と考える。
(3)「買った方がいいかな」とは「買うのがよい」と考え, shouldを使う。「〜と思う」はI think。

6 助動詞③

1 [解答] (1) don't have to (2) Shall we
[解説] (1) don't have to とmust notの区別はつけておきたい。don't have to 〜は「〜する必要がない」, must not 〜 は「〜してはいけない」。
(2) Shall we とShall Iの区別,それに対する答え方は覚えておきたい。

2 [解答例] (1) ある日,お母さんはビルに「お父さんが入院しなければならない」といいました。
(2) 父と海に行くために,ジムは自分で全てを用意しなければならない。
(3) 世界の人々の中には,食べるものがないので,自分たちの国から離れなければならない人もいた。

[解説] (1) go to the hospitalは「入院する」という意味にもなる。
(2) by himselfは「彼だけで」という意味。
(3) 主語がSome people in the worldであることに注意。no food to eatは「食べる食料がない」という意味。

3 [解答] (1) You (don't have to come here) at three.
(2) We don't have to get up so early.

[解説] (1) come hereは「ここに来る」という意味。
(2) get upは「起きる」という意味。

4 [解答例] (1) I have to take care of the cat for her.
(2) "Shall I give you her phone number?" "Yes, please." / "No, thank you."

[解説] (1)「〜の面倒をみる」はtake care of 〜を使う。「彼女のかわりに」はfor herとする。
(2) Shall I 〜に対する Yes / No の答え方は覚えておきたい。

確認問題2〈助動詞〉

1 [解答] (1) We will visit our uncle this afternoon.
(2) You must finish your homework by tomorrow.
(3) Can I use your bike?

(4) Shall we eat lunch at that restaurant?
(5) Will you show me your ticket?
　解説 (1) visit our uncle「私たちの叔父を訪ねる」, this afternoonは「今日の午後」という意味。
(2)「～しなければならない」なので, 助動詞はmust。by tomorrowは「明日まで」という意味。
(3) 疑問文なので助動詞と離れているが, 動詞がeatであることに注意する。Can I ～?は「～していいですか」と相手に許可を求める表現。
(4)「いっしょに～しませんか」はShall we ～?を使う。
(5) 相手に依頼するときには, Will you ～?を使う。show A Bで「AにBを見せる」という意味。A: me　B: your ticket

2 **解答** (1) will　(2) Will you　(3) may
(4) cannot　(5) Is / able to　(6) should
(7) must not　(8) had to　(9) Shall I
(10) Shall we　(11) will be able to
　解説 (1)「今年は沖縄に行き, 来年は北海道に行きます」
(2)「筆箱を忘れた！ 私に鉛筆を貸してくれませんか」
(3)「彼女の気持ちが読めない, 来るかもしれないし, 来ないかもしれない」read her mindは「彼女の気持ちを読む」という意味。
(4)「トムは長い間北海道に住んでいたが, スキーをすることができない」for a long timeは「長い間」という意味。
(5)「息子さん, 大きくなったね!もう歩けるの?」
(6)「テレビを見るな!宿題をしなければいけません!」
(7)「テレビゲームをするな!今日はしてはいけません!」video gameは「テレビゲーム」の意味。
(8)「クリスマスに働かなければならなかった。とても悲しかった」
(9)「窓を開けましょうか」「はい, お願いします」
(10)「いま, 行きませんか」「いいえ, 行きません」
(11)「私は韓国語を一生懸命に勉強しています。来年には話せるようになるでしょう」

3 **解答例** (1) I can sing English songs. / I cannot run fast. / I can eat *Shiokara*.
(2) I will play sports next Sunday. / I won't study English at home next Sunday. / I will go cycling next Sunday.
(3) I don't have to shave every morning. / I must study mathematics today. / I don't have to wash the dishes after dinner.
　解説 (1) cannotはcan't, can notでも構わない。run fast「速く走る」, eat *Shiokara*「シオカラを食べる」という意味。
(2) won'tはwill notの短縮形。at home「家で」, go cycling「サイクリングに行く」という意味。
(3) mustは「～しなければならない」, don't have toは「～する必要がない」, shaveは「ヒゲを剃る」, wash the dishesは「皿を洗う」という意味。
※**3**の問題は自分のことを書くので, 解答例のcanとcannot, willとwon't, mustとdon't have toはいずれでもかまわない。

4 **解答**
(1) (Yes,) please. / (No,) thank you.
(2) (Yes,) let's. / (No,) let's not.
　解説 Shall I ～?とShall we ～?の答え方は必ず覚えておきたい。

7 関係代名詞①

1 **解答** (1) who　(2) which
　解説 (1)先行詞が人なのでwho。主格の関係代名詞。
(2) 先行詞が人以外なのでwhich。主格の関係代名詞。

2 **解答例** (1) 私がオーストラリアに住んでいたとき, 私はいくつかの庭園に行き, 日本では見たことがなかった多くの花を見た。
(2) 私たちは, 異なる考えを持つ他の人々と上手にコミュニケーションがとれるようにするべきだ。
(3) そこで働いている人々に話しかけるときは, 敬語を使うべきだ。
(4) 朝食を食べた生徒は, 食べなかった生徒より

も数学ができる。
(5) お年寄りの女性を助けたペットの話があります。

解説 (1) andは時間的なつながりを表している。whichの先行詞がflowers。「日本で見たことのない多くの花」という意味。
(2) communicate with 〜「〜とコミュニケーションをとる」, have different ideasは「違った考えを持つ」という意味。
(3) speak to 〜は「〜に話しかける」という意味。
(4) 主語がStudents who have breakfastであることに注意。have breakfast「朝食を食べる」, do better in math「数学がよりできる」。
(5) There is 〜は「〜がある」という意味。

3 解答 (1) Yanbarukuina (is a bird that lives in Okinawa) .
(2) There are (some people who are not interested in) breakfast and start a day without it.
(3) You (sold me a dog that was not yours) !
(4) Do you (know the movie which Jeff saw) yesterday?

解説 (1) live in 〜は「〜に住んでいる」という意味。
(2) be interested in 〜は「〜に興味を持つ」という意味。andはare not interested in breakfastとstart a day without itをつないでいる。
(3) sell A Bは「AにBを売る」という意味。A: me B: a dog。 yoursは＝your dogで「あなたの犬」という意味。
(4) 「映画を見る」はsee a movie。

8 関係代名詞②

1 解答 (2)(3)
解説 (2)(3)は目的格の関係代名詞なので省略が可能。(1)(4)は主格なので省略することができない。

2 解答例 (1) 私たちが公園で出会った人々は、犬が好きでなかった。
(2) 私たちがしなければいけない最初のことは、全ての教科を一生懸命に勉強することです。
(3) 「白」は, 運転手が全ての色の中でいちばん見ることができる色だった。
(4) 彼は, 行ったことのない場所に自転車で行くことが好きだ。

解説 (1) peopleの後に関係代名詞が省略されている。主語はThe people we saw in the park。
(2) thingの後に関係代名詞thatが省略されている。主語はThe first thing that we should do。
(3) see the best of all the colorsで「全ての色の中でいちばんよく見える」という意味。
(4) by bikeで「自転車で」という意味。placesの後に関係代名詞が省略されている。

3 解答 (1) That (is the man we met in the library) last week.
(2) The (cake your father made was) delicious.
(3) (The movie my brother and I watched was) very good.
(4) Is this all the money you have?
(5) I (like the ring which Bob gave me).

解説 (1) manの後に関係代名詞が省略されている。
(2) cakeの後に関係代名詞が省略されている。主語はThe cake your father made。
(3) movieの後に関係代名詞が省略されている。andはmy brotherとIをつないでいる。主語はThe movie my brother and I watched。
(4) 疑問文になっていることに注意をする。moneyの後に関係代名詞が省略されている。
(5) 関係代名詞whichは目的格。give ABは「AにBを与える。」

確認問題3〈関係代名詞〉

1 解答
I have many friends who I can really

trust.
「私は本当に信頼できる多くの友人がいる」
This is the dictionary which I bought last week.
「これが，私が先週買った辞書です」
He is the man that I told you about.
「彼は私があなたに話した人です」

解説　先行詞が人ならwho，人以外ならwhich, thatはどちらでも使える。trust「信頼する」, last week「先週」, tell A about B「AにBについて話す」。

2 解答

(1) I (have an uncle who lives in Hokkaido).
(2) The artist (who painted this picture is famous).
(3) Soseki (is the writer I like the best).

解答例 (4) 一生懸命に勉強する生徒は，一生懸命にスポーツをすることができる。
(5) あなたが昨日会った人々は，あなたが明日会う人を知っている人だ。

解説 (1) live in ～「～に住んでいる」, uncleをwho lives in Hokkaidoが飾り,「北海道に住んでいるおじ」という意味になる。
(2) 主語(artist)を関係代名詞節(who painted this picture)で飾り,「この絵を描いた画家」という意味になる。
(3) writerの後に関係代名詞が省略され, writerをI like the bestが飾り,「私がいちばん好きな作家」という意味になる。
(4) Studentsをwho study hardが飾り,「一生懸命に勉強する生徒」という意味になる。practice sportsは「スポーツをする」という意味。
(5) 飾りの関係は次のように考える。

the people [who know the person [you are going to meet tomorrow]]
　　　③　　　　　　　　　　　①
　　　　　　　　　　　　　　　②

①あなたが明日会う人
②あなたが明日会う人を知っている
③あなたが明日会う人を知っている人

3 解答例　◆[A]には解答例以外のものでも構いません

(1) I have a teacher who is kind to us. His name is Mr. Tanaka.
(2) I have a sister who plays basketball well. Her name is Yuki.
(3) I have a brother who goes to library every Sunday. His name is Mamoru.
(4) I have a friend who likes small children. Her name is Kaori.
(5) I have a cousin who can play chess. His name is Noboru.
(6) I have a friend who has many CDs. Her name is Yoshiko.
(7) I have a sister who speaks English. Her name is Sachiko.
(8) I have a cousin who is good at cooking. Her name is Naoko.
(9) I have a friend who likes *Ramen*. His name is Yoshito.

解説 (1)「私には，私たちに親切な先生がいる。彼の名前は田中先生です」。be kind to ～「～に親切だ」という意味。
(2)「私には，バスケットが上手な妹がいる。彼女の名前はユキです」。
(3)「私には，毎週日曜日に図書館に行く兄がいる。彼の名前はマモルです」。go to libraryは「図書館に行く」という意味。
(4)「私には，小さな子どもが好きな友人がいる。彼女の名前はカオリです」。
(5)「私には，チェスが指せるいとこがいる。彼の名前はノボルです」。play chess「チェスを指す」という意味。
(6)「私には，たくさんCDを持っている友人がいる。彼女の名前はヨシコです」。
(7)「私には，英語を話す姉がいる。彼女の名前はサチコです」。
(8)「私には，料理が上手ないとこがいる。彼女の名前はナオコです」。be good at ～「～が上手だ」という意味。
(9)「私には，ラーメンが好きな友人がいる。彼の名前はヨシトです」。

4 解答 (1) The man you met at the party is a famous doctor.

(2) The picture he took yesterday is very nice.

解説 (1) manの後に関係代名詞が省略されている。manをyou met at the partyが飾り,「あなたがそのパーティで会った男性」という意味。
(2) pictureの後に関係代名詞が省略されている。pictureをhe took yesterdayが飾り,「彼がきのう撮った写真」という意味。

9 疑問詞①

1 **解答** (1) Whose (2) Who (3) Where (4) Why
解説 (1) whoseは「~の」という所有を表す。
(2) 人をたずねているのでwho。
(3) 場所を聞いているのでwhere。
(4) 理由を聞いているのでwhy。

2 **解答例** (1) なぜ多くの人々は元旦にもちを食べるのですか。
解答 (2) (When does summer vacation start) in Australia?
(3) (What kind of festivals do you have) in your town?
解説 (1) New Year's Dayは「元旦[元日]」という意味。
(2) summer vacation「夏休み」。whenの後が疑問文の語順になっていることに注意。
(3) What kind of ~で「どんな~」という表現。

3 **解答例** (1) What do you think of Toyama?
(2) Why did you come to Japan?
(3) How did people live in those days?
(4) Where can I buy a traveling bag?
解説 (1) What do you think of ~で「~をどう思いますか」という意味。
(2) come to ~で「~に来る」という意味。
(3)「その頃,人々はどのような生活をしていたのだろうか」と考える。使用する疑問詞はhow。「その頃[当時]」はin those days,「この頃」はin these days。
(4) 場所を聞いているので,whereを使う。「カバンを買う」はbuy a bag。

10 疑問詞②

1 **解答** (1) How much (2) where to
解説 (1) 金額を聞くときにはhow muchを使う。
(2) where to goは「どこに行けばいいのか」という意味。

2 **解答例** (1) あなたは,家でどのように時間を過ごしたらいいか考えるべきだ。
(2) 私はあなたに,オーストラリア料理の作り方を教えましょう。
(3) 私の母はピアノの弾き方を私に教えてくれた。
解説 (1) think about ~「~について考える」,how to do「どのようにdoしたらよいか」,at home「家で」という意味。
(2) この場合のshowは「教える」という意味。show ABは「AにBを教える」。A: you B: how to cook Australian food
(3) teach A Bは「AにBを教える」。A: me B: how to play the piano

3 **解答** (1) How long can I borrow the books?
(2) So (I didn't know what to do).
解説 (1) 期間を聞いているので,how longを使う。
(2) what to doで「何をしたらいいのか」という意味。

4 **解答例** (1) How long does it take?
(2) How many paper cranes did you make?
(3) I didn't know how to use *furoshiki*.
(4) They teach me how to grow vegetables.
解説 (1) かかる時間(どのくらい?)を聞いているので,how longを使う。
(2) 数を聞いているので,how manyを使う。
(3)「どのように~するか」なのでhow toを使う。
(4)「育て方」=「どのように育てるか」と考える。

確認問題4〈疑問詞〉

1 **解答** (1) Nobody knows what to do next.

(2) In the U.S., I had to ask how to get to the stadium in English.

(3) I cannot decide which to buy. Which shoes should I buy for dancing?

解説「疑問詞＋to不定詞」がどんな意味を持つのかを、確認しておく。

(1)「何をしたらいいか」なので、what to do。

(2)「どのように行けばいいか」なので、how to get to。be good at ～「～が上手だ」、get to ～「～に着く」、in English「英語で」という意味。

(3)「どれを買えばいいか」なので、which to buy。whichは「どちら」だけでなく「どれ」という意味があることも確認しておきたい。for dancing「ダンスのために」という意味。

2 解答 (1) Whose (2) How many (3) Why (4) How old (5) Where (6) How long (7) How much (8) How about (9) How

解説 (1)「これは誰のノートですか」「彼女のです」

(2)「何冊辞書を持っているのですか」「6冊持っています」

(3)「どうしてその話を知っているのですか」「ジェイムズが私に話したからです」

(4)「お兄さんはいくつですか」「20歳です」

(5)「どこに住んでいるのですか」「札幌に住んでいます」

(6)「どのくらいロンドンに滞在するのですか」「約2週間です」、stay in London「ロンドンに滞在する」という意味。

(7)「そのコンピュータはいくらですか」「約10万円です」、aboutは「約」という意味。

(8)「私のアイディアはいかがですか」「いいと思いますよ」

(9)「どうやってここに来たのですか」「車だよ」

3 解答 (1) What did you buy yesterday?
(2) Who did you meet this morning?
(3) How much is this picture?
(4) Where were you born?
(5) How old are you?
(6) Whose bag is this?

解説 (1) 買った物をきくので、whatを使う。

(2) 会った人を聞くので、whoを使う。

(3) 絵の値段を聞くので、how muchを使う。

(4) 生まれた場所を聞くので、whereを使う。

(5) 年齢を聞くので、how oldを使う。

(6) 誰のバッグかを聞くので、whoseを使う。

4 解答例 (1) When did you come here?
(2) Whose magazine is this?
(3) She taught me how to bake bread.
(4) I cannot decide which to buy.

解説 (1)「いつ」と時を聞いているので、whenを使う。「ここに来る」はcome here。

(2)「誰の」と所有を聞いているので、whoseを使う。

(3)「パンの焼き方」は「どのようにパンを焼くか」と考える。teach A Bで「AにBを教える」。A：me B：how to bake bread

(4)「どちらを選べば」なので、which to buyを使う。

11 不定詞①

1 解答 (1) I want to play tennis with you.
(2) He began to clean his room.

解説 (1)「私はあなたとテニスをしたい」、want to doは「doしたい」という意味。

(2)「彼は自分の部屋を掃除し始めた」、begin to doは「doし始める」という意味。

2 解答例 (1) 私はあなたをオーストラリアに連れて行きたい。

(2) 彼らはいくつかの小さな村で、井戸を建設し始めた。

(3) 私は自分の周りの人々について考えるようにします。

解説 (1) take A to Bで「AをBに連れて行く（持っていく）」という意味。

(2) begin to do「doし始める」、build wells「井戸を掘る」という意味。

(3) try to doは「doしようとする」、think about ～「～について考える」という意味。

3 解答 (1) I (don't like to use a bike) at night.

(2) When there is (a new movie you want to watch), can you wait until the video is released?

(3) Soon, (he began to think that the study) of bacteriology was interesting.

解説 (1) don't like to do で「do することが好きではない」, at night で「夜に」という意味。
(2) movie の後に関係代名詞が省略されている。
(3) 「考え始めた」なので, began to think とする。この study は動詞（勉強する）ではなく, 名詞（研究）として使われている。

4 解答例 (1) He wants to go abroad.
(2) if you want to talk with Ms. Smith.
(3) My dream is to be a professional baseball player in the future.

解説 (1)「海外に行く」は go abroad。go to foreign country [countries] でも構わない。
(2)「スミス先生と話したい人は」を「もしスミス先生と話したければ」と考える
(3)「私の夢は～になることだ」は, My dream is to be ～とする。「将来」は in the future という。

12 不定詞②

1 解答 (1) She has a lot of homework to do today.
(2) I am glad to see you.

解説 (1)「彼女は今日しなければならないたくさんの宿題がある」。to do は homework を飾る形容詞的用法。
(2)「あなたに会えて, 光栄です」。to see は副詞的用法で,「～して」という意味。

2 解答例 (1) タカヒロとリョウヘイは, 科学の宿題をするために, 町の図書館に行った。
(2) 私はこのチームで友だちと野球ができて幸せだ。
(3) これらのネコの飼い主は, 自分たちのペットを健康で, 幸せにしておくために, 何でもするでしょう。

解説 (1) to do は目的を表す副詞的用法。to do their science homework は「科学の宿題をするために」という意味。
(2) be happy to ～で「～してうれしい」という意味の副詞的用法。on this team は「この

チームで」という意味。
(3) keep A B で「A を B の状態にしておく」という意味。A: their pets　B: healthy and happy

3 解答 (1) I wanted to enjoy the concert, but I (had no time to go).
(2) Separating (garbage is the first thing to do for) recycling.
(3) He (went to Australia to take beautiful) pictures.

解説 (1) 形容詞的用法を使い, time を飾る。have no time は「時間がない」という意味。
(2) to do が thing を飾っている。
(3) to take は目的を表す副詞的用法。

4 解答例 (1) Some people go to America to watch baseball games.
(2) I was really surprised to hear the news.
(3) I want to buy something to read in the train.

解説 (1)「野球の試合を見るために」は副詞的用法で表す。「野球の試合を見る」は watch baseball games。
(2) be surprised to do は「do して驚く」という意味を表す。
(3) 名詞的用法（want to buy）と形容詞的用法（to read）の両方を使う。to read は目的を表している。

確認問題 5 〈不定詞〉

1 解答

There are a lot of places to visit in Kyoto.
「京都には見るべき多くの場所がある」
I went to Tokyo to buy new clothes.
「私は新しい服を買うために東京に行った」
I was sad to hear the news of his death.
「私は彼の死のニュースを聞き, 悲しかった」

解説 いちばん上の解答は形容詞的用法。places を to visit が飾っていて,「見るべき場所」という意味。
真ん中の解答は, 副詞的用法の目的。to buy「買うために」と東京に行った目的をいってい

る。
　いちばん下の解答は副詞的用法。sad to hear「聞いて悲しかった」とsadの理由をto不定詞がいっている。

2 解答
(1) I bought (some books to read in the train).
(2) She (has a lot of homework to do today).
(3) I want to buy something to eat.
(4) I am happy to receive your letter.
(5) The boy began to work to help his family.

解説 (1)「読むための本」はbooks to read（形容詞的用法）。
(2)「すべき宿題」はhomework to do（形容詞的用法）。
(3)「買いたい」はwant to buy（名詞的用法）を使う。「何か食べるもの」はsomething to eat（形容詞的用法）。want to doは「doしたい」。
(4) happyの理由はto receive your letter（副詞的用法）。
(5)「働き始めた」はbegan to work（名詞的用法）。「助けるために」はto help（副詞的用法）。begin to doは「doし始める」

3 解答例
・I want to enter Higashi high school to play sports.
・I want to enter Higashi high school to study English.
・I want to enter Higashi high school to do volunteer activities.
・Keiko wants to enter Minami high school to study abroad.
・Keiko wants to enter Minami high school to join the dance club.

解説 to play sports「スポーツをするために」, to study English「英語を勉強するために」, to enjoy club activities「部活を楽しむために」, to make friends「友だちを作るために」, to learn mathematics「数学を学ぶために」, to do volunteer activities「ボランティアをするために」, to study abroad「留学するために」, to get into a famous university,「有名大学に入るために」, to join the dance club「ダンス部に入るために」。

4 解答 (1) I tried to say, "I love you."
(2) I began to play tennis.
(3) I like to write letters.
(4) I want to study English.
(5) I like to clean my room.

解説 (1) try to do「doしようとする」
(2) begin to do「doし始める」
(3) like to do「doすることが好きだ」
(4) want to do「doしたい」
(5) like to do「doすることが好きだ」
go abroad「海外に行く」, say, "I love you"『愛しているという』, write letters「手紙を書く」, play tennis「テニスをする」, study English「英語を勉強する」, clean my room「部屋を掃除する」, go to the movies「映画に行く」。

13 現在完了①

1 解答 (1) lived (2) left
解説 (1) 現在完了は〈have[has]＋過去分詞〉。
(2) leaveの過去分詞はleft。

2 解答例 (1) タツヤは,「私は日本で撮ったたくさんの写真を持ってきた」と言った。
(2) 私たちは, 時間を上手に使うことは大切だと学んだ。
(3) 私は日本の城を見たい。

解説 (1) 完了。関係代名詞がpicturesの後に省略されている。
(2) 経験。[that ...]ということを学んだ, と考える。it is ～ to doは「doすることは～だ」という意味（p.84参照）。
(3) 継続。「ずっと見たい」という意味。a Japanese castleは「日本の城」。

3 解答 (1) (They have just finished playing) the *taiko*.
(2) The store (has been open here since) 1980.
(3) She (has kept the maps of the cities

that she visited).

解説 (1) just があるので, 完了の意味。finish *doing* は「*do* することを終える」。
(2) be open は「店を開ける」。since の後には,「～から」という起点がくる。
(3) the maps of the cities は「都市の地図」。that は関係代名詞であることに注意する。

4 **解答例** (1) I have caught (a) cold.
(2) I have practiced *karate* and *judo* for seven years.
(3) It has passed about ten months since I came here.

解説 (1)「風邪をひく」は catch (a) cold。
(2)「練習をする」は practice を使う。7年間は for seven years。
(3) It has passed ～は「～が過ぎた」という意味。

14 現在完了②

1 **解答** 疑問文：Has she studied French for two years?
否定文：She has not studied French for two years.

解説 (1) 疑問文は have [has] を文頭に出す。
(2) 否定文は have [has] のあとに not を入れる。

2 **解答例** (1) 私はお腹が減っている, というのはまだ朝食を食べていないからだ。
(2) 映画「ハリーポッター」を今までに見たことがありますか。

解説 (1) yet が否定文で使われるときは,「まだ」という意味になる。
(2) ever は「今までに」という意味。see the movie "Harry Potter" で「映画『ハリーポッター』を見る」

3 **解答** (1) Have you ever been there?
(2) (How long have you been in) Japan?
(3) I have (never got a big fish like this).

解説 (1) 疑問文なので, Have が文頭にある。
(2) どのくらい, という期間を聞いているので, How long が文頭にある。have been in ～は「～にいる」という意味。
(3) never は「一度も～ない」という強い否定を表す。a big fish like this は「このような大きな魚」。like は「好き」という意味でないことに注意。

4 **解答例** (1) Have you (ever) read any new textbooks?
(2) How long have you lived in Toyama?
(3) I have never[not] watched Chaplin movies.
(4) I have never [not] been to China but I want to go there.

解説 (1)「今までに～したことがあるか」という意味なので, Have you (ever) を使う。
(2)「どのくらい」と期間を聞いているので, How long を使う。その後の語順は, 疑問文なので, have が主語の前におかれる。
(3)「見たことがない」という意味なので, never や not を使う。「チャップリンの映画」は Chaplin movies。
(4) have been to ～を否定文にしている。

確認問題6〈現在完了〉

1 **解答**
(1) I have already cleaned my room.
(2) I have not been to Canada.
(3) Have you met him before?
(4) We (have been in Sapporo) since 2001.
(5) My sister (has played the piano for four years).

解説 (1)「すでに」なので, already を使う。副詞は have と過去分詞の間に入れる。完了。
(2)「～に行ったことがある」という経験は, have [has] been to ～で表す。
(3) 現在完了の疑問文。have を文頭に出す。経験。
(4) 現在完了の継続。have [has] been in ～「～にいる」。「2001年から」と起点を表すので, since を使う。
(5) 現在完了の継続。「4年間」と期間を表すので, for を使う。

2 解答

(1) How long have you lived in Tokyo?
(2) Have you ever been to England?
(3) Have you met my father yet?
(4) How many times have you climbed Mt. Fuji?
(5) Have you ever watched the movie?
(6) What has she become?

解説 (1)「どのくらい東京に住んでいるのですか」「4年ですが,来月引っ越します」
(2)「イングランドに行ったことがありますか」「はい,フィッシュアンドチップスをそこで楽しみました」
have [has] been to ～「～に行ったことがある」という経験を表す。
(3)「もう私の父に会いましたか」「いいえ,でも会いたいと思っています」
(4)「富士山に何回登りましたか」「1回だけです。とても大変でした」
How many times ～? で回数を尋ねる表現(「何回～?」)。
(5)「その映画をすでに見ましたか」「はい,とても良かったです」
(6)「彼女は何になりましたか」「医者です。それは彼女の夢でした」

3 解答例

(1) I have been busy for two weeks.
(2) I have studied English for three years.
(3) I have often listened to J-Pop.
(4) I have often watched an old movie on TV.
(5) I have not gone abroad yet.
(6) I have not seen the Disney movies yet.
(7) Toshi has lived in Kyoto for two years.
(8) Yoshio has often written letters to friends.
(9) Sachiko have not visited Tokyo Disney Resort yet.

解説 (1)(2)(7)は継続。「ずっと～している」の意味。forとsinceの使い分けに注意。
(3)(4)(8)は経験。oftenがあるので「よく～する」という意味。write letters[a letter]「手紙を書く」。
(5)(6)(9)は完了。否定文なので,「まだ～していない」という意味。go abroad「海外に行く」, see the Disney movies「ディズニー映画を見る」。

4 解答例

(1) I have worked for this museum for two years.
(2) He has just finished using a computer.
(3) Have you ever played ice hockey?
(4) How long have you worked here?

解説 (1) work for ～は「～で働く」という意味。
(2)「ちょうど」があるので, justを使う。finish doing「doし終える」
(3) Have you ever ～は「今までに～したことがありますか」と覚えておく。
(4) 働いている期間を聞いているので, how long ～?「どのくらいの長さ～?」を使う。

15 SVO

1 解答
(1) what (2) which

解説 (1) 何をするか, なのでwhatを使う。
(2) どちら[どれ], なのでwhichを使う。

2 解答例
(1) 私は, 日本人はいつも特別な方法でお茶を飲んでいると思った。
(2) 私は, 彼女のほほえみと親切なことばが私を救っているとわかっていた。
(3) 私は仕事の中で他の人とのいい出会いがあることを願っています。

解説 (1) thatが省略されている。Japaneseからがthat節となる。drink green teaは「緑茶を飲む」, in a special wayは「特別な方法で」という意味。
(2) thatが省略されている。her smile and kind wordsがthat節の中の主語。
(3) thatが省略されている。good encounters with othersで「他者とのよい出会い」という意味。

3 解答
(1) I (believe our city will become) the cleanest in Japan.
(2) Do you (think that Satoshi will come to the party) tomorrow?

(3) They (say that she has never broken her promise).

解説 (1) thatが省略されている。the cleanest in Japanは「日本でいちばんきれい」という意味。
(2) come to ~で「~にくる」という意味。
(3) They say that SVで「SVだそうだ」という伝聞を表す。「約束を破る」はbreak *one's* promise。

4 **解答** (1) I hope many people will come.
(2) I think this experience will be useful.
(3) I think I have met her before.

解説 (1)「~だといいですね」はI hope that SVで表す。
(2)「（これから）役に立つ」という意味なので，未来を表すwillを入れる。
(3) that節（解答例ではthatを省略）の中の現在完了は経験を表す。

16 SVOO

1 **解答** (1) my mother / a pen (2) him / this camera

解説 (1)(2)第4文型は，「O₁にO₂を」なので，このような形になる。O₁は主に"人"が，O₂には"物"がくる。

2 **解答例** (1) ことわざは私たちにアドバイスを与え，人生についての何かを伝えます。
(2) 私はあなたに次の授業であなたの経験について英語で話してほしい。
(3) トランペットを上手に吹く方法を私に教えてくれますか。

解説 (1) give A B「AをBに与える」A: us B: advice, tell A B「AにBを伝える」A: us B: something about our life。
(2) speak about ~「~については話す」, in English「英語で」という意味。
(3) Can you ~で「~してくれますか」という依頼。how to playは「どのように演奏するか」という意味。

3 **解答** (1) Yuki, (can you show me how you make) *sembazuru*?
(2) Please (ask me anything you like) .

(3) (I want you to tell me about) your life at home.

解説 (1) show A Bは「AにBを教える」。A: me B: how you make *sembazuru*
(2) ask A Bは「AにBを尋ねる」。anythingの後に関係代名詞が省略されている。
(3) want ~ to *do*「~に*do*してほしい」, tell ~ about ...「~に…について話す」という意味。

4 **解答例** (1) I want my students to talk about their dreams.
(2) Will you tell me the way to the post office?
(3) Do you want something to eat or want me to do something?

解説 (1)「人~に*do*してほしい」はwant 人~ to *do*,「~については話す」は"talk about ~"。
(2)「~への行き方」はthe way to ~。「郵便局」はpost office。
(3)「してほしいこと」とは「私にしてほしいこと」と考える。そして, want ~ to *do*の形を使う。

17 SVOC

1 **解答** (1) 第4文型 (2) 第5文型

解説 (1)はO₁ ≠ O₂ (2)はO = Cなので，それぞれ第4, 第5文型。

2 **解答例** (1) 彼女はその犬を「私の友だち」と呼んだ。
(2) 彼と歩くことは私をリラックスさせ, 幸せにした。
(3) スポーツは私たちを強くすると信じています。

解説 (1) O = the dog, C = my friend
(2) O = me, C = relaxed and happy
(3) I believe that SV「SVを信じている」, make A B「AをBにさせる」という意味になる。

3 **解答** (1) I think (a trip makes us happy).
(2) Today the technology (which we use makes our lives better).

(3) Listening to the song makes her very sad.

解説 (1) make A Bで「AをBにさせる」。A: us B: happy

(2) technologyを関係代名詞で飾り, 主語はtechnology which we use。make A Bで「AをBにさせる」。A: our lives B: better

(3) 主語が動名詞となっている。make A Bで「AをBにさせる」。A: her B: very sad

4 解答例 (1) Please call me Ken.

(2) He called the people of the island Indians.

(3) Their kind words always make me happy.

解説 (1) call A Bで「AをBと呼ぶ」。

(2) call A B。A: the people of the island, B: Indians

(3) alwaysの位置に注意する。make A Bで「AをBにさせる」。

確認問題7 〈SVO・SVOO・SVOC〉

1 解答例

She taught us how to play *Shogi*.
「彼女は私たちに将棋の指し方を教えた」
I think that he will win the race.
「彼がそのレースに勝つと思います」
We call our homeroom teacher "Mr. White."
「私たちは担任の先生を「ホワイト先生」と呼びます」

解説 いちばん上の英文はSVOO。O_1 = us O_2 = how to play *Shogi*

真ん中の英文はSVO。Oがthat節になっている。

いちばん下の英文はSVOC。O(our homeroom teacher) = C("Mr. White")。

2 解答 (1) I hope you enjoyed the trip.

(2) I want you to understand my feelings.

(3) The film made James an international star.

解答例 (4) 彼らは犬を「サクラ」と名付けた, というのは, それは彼らの好きなテレビのスターの名前だからだ。

(5) 雨だったので, 父は私に彼女を駅まで車で乗せていくようにいった。

解説 (1) SVO。Oがthat節になっている。「SVでしょうね」はI hope that SV。

(2) SVOO。want ~ to do「人にdoしてほしい」という意味。「私の気持ちを理解する」はunderstand my feeling。

(3) SVOC。make A Bで「AをBにする」。A: James B: an international star

(4) SVOC。name A Bで「AをBと名付ける」A: their dog B: "Sakura"。", because..."は「というのは…」と, 理由を表す。

(5) SVOO。ask ~ to do「人にdoするよう頼む」,drive ~ to ...「~を…に車で乗せていく」という意味。because it was rainyは理由を表している(「雨だったので」)。

3 解答例

(1) I want Tsutomu to join our team.

(2) I want my mother to buy clothes for me.

(3) I want Takeshi to respond to emails quickly.

(4) I want Satoru to teach me mathematics.

(5) I want my sister to be kind to small children.

(6) I want Keiko to understand me more.

(7) I want Tomoko to make lunch for me.

解説 want ~ to do「人にdoしてほしい」という意味。join our team「私たちのチームに入る」, buy clothes for me「私のために服を買う」, respond to emails quickly「すぐにemailを返す」,teach me mathematics「私に数学を教える」, study more「もっと勉強する」, be kind to small children「小さい子どもに親切にする」, understand me more「私をもっと理解する」, make lunch for me「私に昼食を作る」。

4 解答例

(1) He asked me to clean the room.

(2) I think that he is a good player.

(3) The news made me sad.

(4) I don't know where to go.

解説 (1) SVOO。ask ~ to do で「人にdo するよう頼む」。
(2) SVO (O = that節) を使う。
(3) SVOC。make A B で「AをBにする」。A: me B: sad
(4) SVO (O = 疑問詞 + to do) を使う。where to go「どこに行けばいいのか」

18 比較表現①

1 **解答** (1) smaller (2) more (3) more beautiful (4) better

解説 (1) small を比較級にするには、erをつける。
(2) much や many の比較級は more、最上級は most。
(3) 原則として2音節以上の語を比較級にするときは、その前に more をつける。
(4) good の比較級は better、最上級は best。

2 **解答例** (1) 現在、アメリカ人は日本人よりも多くの野菜を食べる。
(2) 私はもっと日本の文化とことばについて学びたかった。
(3) 朝食は私たちにエネルギーをあたえ、私たちの脳はよりよく働く。

解説 (1) この more は、much の比較級。
(2) Japanese culture and language を「日本の文化とことば」とまとまりとして考える。
(3) gives us energy は、第4文型で、「私たちにエネルギーを与える」と考える。works better で「よりよく働く」。

3 **解答** (1) I can swim faster than Tom.
(2) He says (the west coast is better for surfing than the east coast).
(3) She (is taller than any other girl in) her class.

解説 (1) faster は fast の比較級。swim fast で「速く泳ぐ」。
(2) says の後に接続詞 that が省略されている。is better for surfing で「サーフィンによりよい (=適している)」という意味。
(3) 比較級 + than any other ~ で「~のなかでいちばん…」と、比較級で最上級を表す表現。~には単数名詞が来る。any other ~ で「ほかのどの~」と考えると、分かりやすい。

4 **解答例** (1) They are taller than this house.
(2) Will you show me a little larger one?
(3) We want people who visit our school festival to know more about these animals.

解説 (1)「背が高い」は tall を使う。
(2)「~してくれませんか」は Will you ~? show A B で「AにBを見せる」。前の文で T-shirt とあるので、「もう少し大きいもの」は、a little larger T-shirt ではなく、a little larger one とする。
(3)「人に do してもらいたい」は want 人 to do。「私たちの文化祭に訪れる人」は people who visit our school festival、「これらの動物」は複数形で表すので、these animals とする。

19 比較表現②

1 **解答** (1) as tall as (2) as fast as

解説 (1)(2)「同じくらい~」は as ~ as を使う。

2 **解答** (1) ビルはケイトよりも4倍のお金を持っている。
(2) 私はこれらの選手と同じくらい上手にバレーボールをしたい。

解説 (1) four times「4倍」を使う。
(2) I'd like to ~ = I would like to ~。これで、「~したい」というていねいな表現。

3 **解答** (1) He (is as old as my brother).
(2) I like (math as much as English).
(3) I (can't play baseball as well) as Takeshi.
(4) The fish was (twice as large as my hand).

解説 (1)「同じくらい~」は as ~ as を使う。
(2) as much as ~は「~と同じくらい (多く)」という意味
(3) A not ... as ~ as B で「AはBほど~ではない」という意味。

(4)「2倍」なので，twiceを使う。半分ならhalf。

4 〔解答例〕 (1) Ryoko studies mathematics [math] as hard as Richard.
(2) They are as beautiful as this fruit carving.
(3) My bag is not as big as yours.

〔解説〕(1) studiesと3単現のsがつくことに注意。
(2)「このフルーツカービング」はthis fruit carving。
(3) A not ... as ~ as Bで「AはBほど~ではない」という意味。yours = your bag。

20 比較表現③

1 〔解答〕 (1) the tallest (2) the most famous
〔解説〕(1) 1音節の語にはestをつける。
(2) 2音節以上の語には，mostをつける。

2 〔解答例〕 (1) 海面は100年間の中でいちばん高い。
(2) 彼の仕事の能力は，マクドナルドを世界でいちばん大きなレストランの会社にした。
〔解説〕(1) sea levelは「海面（の高さ）」，in 100 yearsで「100年間の中で」。
(2) his business abilityで「彼の仕事の能力」 make ABで「AをBにする」。A: McDonald's B: the largest restaurant company in the world

3 〔解答〕 (1) He (is the tallest student in) this school.
(2) (Do you know Mt. Chokai isn't the highest) mountain in Tohoku?
(3) What (Japanese food do you like) the best?
(4) Who gets up the ealiest in your family?
〔解説〕(1)「いちばん背が高い生徒」はthe tallest student。
(2)「知っていますか」なので，Do you knowから始める。接続詞thatが省略されており，その後は最上級の否定となっている。"not 最上級"で，「いちばん~というわけではない」という意味。

(3) What Japanese foodで「どんな日本食」。
(4) 疑問詞whoが主語となる。「いちばん早く起きる」はget up the earliest。

4 〔解答例〕 (1) He likes tennis the best of all the sports.
(2) He studied the hardest in his class.
(3) (What was the most difficult thing) about making the song?
〔解説〕(1)「~がいちばん好きだ」はlike ~ the bestで表す。「スポーツの中」は，範囲ではなく，対象なので，ofを使う。
(2)「一生懸命に勉強する」はstudy hard。そのhardを最上級にする。「クラスの中」は範囲なので，inを使う。
(3) whatを主語にする。difficultは3音節なので，最上級にするにはmostをつける。

確認問題8〈比較表現〉

1 〔解答〕
(1) Our team is stronger than his.
(2) He has more books than I.
(3) Ichiro is the most famous of Japanese Major League Players.
(4) Tomoko is as smart as a computer.
〔解説〕(1)「~よりも」なので，比較級を使う。hisは「彼のチーム＝his team」のこと。
(2) manyの比較級はmore。
(3)「いちばん~」なので最上級を使う。
(4)「~と同じくらい」なので，原級を使う。smartは「頭がいい」という意味。

2 〔解答〕 (1) The U.S. is twenty-five times as large as Japan.
(2) I will try to get there as soon as possible.
(3) My sister doesn't study as hard as I.
(4) My car is too large. (I want to buy a smaller one).
(5) What kind of music do you like the best?
〔解説〕(1) 倍数表現。timeではなくtimesであることに注意。A is X times as ~ as B.「AはBのX倍の~だ」と覚えておくとい

い。
(2) try to do「doしようと試みる」, get there「そこに到着する」という意味。「できるだけ〜」はas 〜 as possible。
(3) 「…ほど〜でない」はnot as 〜 as ...。
(4) want to doは「doしたい」という意味。oneはcarのこと。
(5) what kind of 〜で「どのような種類の〜」という意味。

3 解答 (1) Tom is younger than Jeff.
(2) Jeff gets up as early as Tom.
(3) Bill doesn't get up as early as Jeff.
(4) Jeff's score is the highest of the three.
(5) Bill's score is higher than Tom's.
(6) Tom's score is the lowest of the three.
解説 (1)「トムはジェフよりも若い」。
(2)「ジェフはトムと同じくらい早く起きる」。get upは「起きる」という意味。
(3)「ビルはジェフほど早く起きない」。threeはTom, Bill, Jeffの3人という意味。
(4)「ジェフの成績は3人の中でいちばん高い」
(5)「ビルの成績はトムよりも高い」
(6)「トムの成績は3人の中でいちばん低い」

4 解答例 (1) Mt. Fuji is the highest in Japan.
(2) He can play tennis as well as I.
(3) I don't have as many CDs as he.
(4) Tsutomu studies mathematics as hard as Akiko.
(5) Please tell her to call me as soon as possible[she can].
解説 (1)「いちばん高い」なので最上級を使う。「日本の中で」と範囲を表すので, in Japanを使う。
(2)「テニスをする」play tennis, as well as ...「…と同じくらい上手に」という意味。
(3) not as 〜 as ... で「…ほど〜でない」。
(4)「一生懸命」はhardで表す。数学はmathでも可。
(5) 〈tell 〜 to do〉を使う。「〜に電話をかける」はcallを使う。call me「私に電話をする」。「できるだけ〜」はas 〜 as possible[she can]を使う。

21 受け身（受動態）

1 解答 (1) is used (2) is spoken
解説 (1)(2)受け身は「be＋過去分詞」。beは主語や時制によって変わる。useは規則変化動詞なのでused, speakは不規則変化動詞でspokenとなる。

2 解答 (1) 私が若かったとき, クジラの肉は多くの人に食べられていた。
(2) 私たちが笑うとき, 薬のような何かが体の中に作られる。
(3) 白のリストバンドは, 貧しい人々を助けるためにお金を寄付した人々に与えられます。
解説 (1) Whenは接続詞なので,「〜のとき」。whale meatで「クジラの肉」。
(2) Whenは接続詞なので,「〜のとき」。something like medicineで「薬のような何か」。このlikeは「見る」という意味ではない。
(3) 主語はThe white wristband「白いリストバンド」。peopleをwho donate moneyが飾っている。to help poor peopleは副詞的用法で「貧しい人々を助けるために」

3 解答 (1) "Harry Potter" (is read by many people) all over the world.
(2) In Japan, (Ikebana is learned by many people).
(3) Is the book written in English or Spanish?
解説 (1) readは過去形も過去分詞もreadと変化しないが, 発音は変化する。
(2)「多くの人に」はby many people。
(3) 受け身の疑問文。be動詞を文頭に置く。in Englishで「英語で」 in English or Spanishで「英語かスペイン語で」。

4 解答例 (1) His music is loved by many young people in Japan.
(2) (The baby) was named Mary by (her parents).
(3) (Do you know) how many languages are spoken in Europe?
(Do you know) how many spoken languages are there in Europe?
解説 (1)「日本の多くの若い人々」はmany

19

young people in Japan。
(2) nameは「名前」という名詞だけでなく,「名付ける」という動詞もある。
(3) 「どのくらい多くの言語が話されているのか」と考えれば,how many languages are spokenとなり,「どのくらいの話されている言語があるか」と考えれば,how many spoken languages are thereとなる。

22 間接疑問

1 解答 (1) who they are
(2) how old she is (3) when they left
解説 (1)(2)間接疑問は疑問詞の後が普通の文の語順となる。
(3) didがなくなり,leaveがleftと過去形になる。

2 解答例 (1) 私たちは,変化している環境が私たちに何をもたらすのか学ぶべきだ。
(2) ケアワーカーはお年寄りの話を聞き,彼らが本当にどのように感じているのか理解しなければならない。
(3) 最初に,私はあなたに,どうして私がこの音楽に興味を持っているか伝えたい。
(4) 私は,他の人がどのように感じているか理解できる女性になりたい。
解説 (1) the changing environmentは「変化している環境」。bringは「もたらす」。
(2) andはlisten to old peopleとunderstand how they really feelをつないでいる。
(3) First of allは「最初に」という意味。would like to ~は「~したい」。tell ABは「AにBを伝える」。A: you, B: why I am interested in this music。
(4) want to be ~で「~になりたい」。womanをwho ~ other people feelが飾っている。how other people feelは「どのように他の人が感じるか」という意味。

3 解答 (1) I know (who this girl is)。
(2) Do you (know when she will come back to Miyazaki)?
(3) (Do you know where they are) from?
(4) (I don't know what time Ann left) for Tokyo。

解説 (1) this girlで「この少女」。
(2) come back to ~は「~に帰る」。
(3) be from ~は「~出身である」。
(4) leave for ~は「~に出発する」。

23 進行形

1 解答 (1) is sleeping (2) is writing
(3) are running
解説 (1) 進行形は〈 be + *doing* 〉。sleepを現在分詞sleepingにする。
(2) writeは最後にeをとり,writingとする。
(3) runは最後のnを重ねて,runningとする。

2 解答例 (1) 私は今とても一生懸命に英語を勉強して,アメリカについての本を読んでいます。
(2) 私は来週,日本に戻ります。
(3) あなたは,犬が走ったり遊んだりしている限り,ずっと見ていなければならない。
(4) あなたの英語はずっとよくなったね。辞書なしであなたは英語を話していますよ。
解説 (1) andはstudying English very hardとreading some books about Americaをつないでいる。study ~ very hardは「~を一生懸命に勉強する」,some books about Americaで「アメリカについての本」。この文の進行形は,現在進行していることを表している。
(2) go back to ~は「~に戻る」。この文は,確実な未来のことを表している。
(3) while ~は「~ [する] している限り(は)」。whileの後のitはyour dogを指している。
(4) muchはbetterを強めている。without dictionaryで「辞書なしで」。

3 解答 (1) The (lady who is singing in the music room) is Ms. Hayashi。
(2) An old (man who was working in the office) didn't answer。
解説 (1) ladyをwho is singing in the music roomが飾っている。
(2) manをwho was working in the officeが飾っている。

4 解答例 (1) When I called Tom last

night, he was doing his homework.
(2) When we arrived at the station, it was raining heavily.

解説 (1)「〜に電話をする」はcall (telephone) 〜。「昨夜」はlast night。「宿題をする」はdo *one's* homework。
(2)「〜に着く(到着する)」はarrive at 〜。「どしゃ降り」という激しい雨はheavilyで表す。

確認問題9〈受け身・間接疑問・進行形〉

1 解答
(1) This book is written in Chinese.
(2) Do you know what time he will come back?
(3) He is reading a book in the library.

解説 (1) 受け身はbe＋過去分詞。writtenを使う。
(2) 間接疑問は,疑問詞の後は普通の文の語順となる。willは主語(he)の後にくる。
(3) 進行形はbe＋現在分詞。read a bookは「本を読む」という意味。

2 解答
(1) Jimmy is loved by many people.
(2) Are you taught English by Mr. Tanaka?
(3) I cannot read the book (because it is not written in Japanese).
解答例 (4) コメは北海道よりも沖縄での方が早く育つ。
(5) ライト兄弟によって何が発明されたのですか。
(6) *Shogi* is played by many Japanese.
(7) This house was built 100 years ago.

解説 (1) 受け身はbe＋過去分詞。
(2) 受け身の疑問文は,be動詞を文頭におく。
(3) 受け身の否定文は,be動詞の後にnotをいれる。in Japaneseは「日本語で」という意味。
(4) in Hokkaidoよりもin Okinawaの方が早い,と考える。植物などを「育てる」という時は,growを使う。
(5) be invented by 〜「〜によって発明される」

ライト兄弟は,動力付きの飛行機を発明した。
(6)「指される」はplayの受け身
(7)「100年前に」は100 years ago。

3 解答 (1) (Do you know what he bought) yesterday?
(2) You should realize why she cried.
解答例 (3) トムはたった3歳だ。彼が1人で,どのようにしてここに来たのか知っていますか。
(4) 世界でどのくらいの言語が話されているか知っていますか。
(5) I know why he looks happy.
(6) No one [Nobody] knows when he came.

解説 (1) 間接疑問。whatのあとの語順に注意。
(2) 間接疑問。whyのあとの語順に注意。
(3) only three years old「たった3歳」,come here「ここに来る」,by himself「1人で」という意味。
(4) how many languagesは「どのくらい多くの言語」という意味。
(5)「うれしそう」は「うれしく見える」と考え,look happyを使う。
(6)「誰も〜ない」はNo oneかNobodyで表す。

4 解答
(1) He is playing soccer with his friends.
(2) I (was taking a bath when you called).
解答例 (3) 私はどうして彼がいつもほほえんでいるのか知りたい。
(4) 私がいま読んでいる本は祖父からもらいました。
(5) 私は部屋で勉強をしているが,妹は居間でテレビを見ている。
(6) He was standing in front of the station.

解説 (1) 現在進行形。語順に注意。play soccer「サッカーをする」,with his friends「友だちと」。
(2) take a bath「入浴する」,接続詞のwhen 〜「〜するとき」という意味。
(3) want to knowは「知りたい」という意味。

(4) bookの後に, 関係代名詞が省略され, 主語はThe book I am reading now「私が今読んでいる本」。
(5) a living roomは「居間」という意味。
(6) 「～の前で」はin front of ～。

24 動名詞

1 〔解答〕 (1) playing (2) listening
〔解説〕 (1) give upはto不定詞を目的語としない。
(2) enjoyはto不定詞を目的語としない。

2 〔解答例〕 (1) 「家族のために一生懸命にプレーすることは私の人生だ」とその大リーグ選手はいった。
(2) 彼女の母親はその絵を見ることが好きで, それについて話し始めた。
(3) 私はたくさんのこと, 例えば, 料理をしたり, 部屋を掃除したり, 犬を散歩に連れていったりした。
〔解説〕 (1) " "内の主語はPlaying very hard for my family。
(2) like *doing*は「*do*することが好きだ」, start *doing*は「*do*し始める」, about themは「その絵について」という意味。
(3) many thingsの例として, cooking dinner ～ for a walkをあげている。

3 〔解答〕 (1) Playing the piano is a lot of fun.
(2) Studying Japanese was not fun for me.
〔解説〕 (1) 「大きな楽しみ」はa lot of fun。
(2) 「日本語を勉強すること」はstudying Japanese。それがnot funと考える。

4 〔解答〕 (1) I like reading books.
(2) His hobby is watching baseball.
(3) I enjoyed seeing the wonderful view from the train.
〔解説〕 (1) 読書をする本は複数なので, booksとする。
(2) watching は現在分詞ではなく, 動名詞であることに注意。現在分詞だと進行形になり, 「私の趣味が, 野球を見ている」となってしまう。

(3) 「そのすばらしい眺め」はthe wonderful view。「列車から」はfrom the train。

25 分詞

1 〔解答〕 (1) crying (2) sung
〔解説〕 (1) 子どもが泣いているので, crying（現在分詞）。
(2) その歌は歌われているので, sung（過去分詞）。

2 〔解答例〕 (1) ロボットの中には, 病院で働いている人を助けるものもある。
(2) 彼らは庭から落ち葉を集めた。
(3) 世界には地雷で傷ついた多くの子どもがいる。
〔解説〕 (1) working in hospitalsがpeopleを飾っている。
(2) fallenがleavesを飾り, 「落とされた葉」つまり「落ち葉」。
(3) injured by landminesがchildrenを飾っている。

3 〔解答〕 (1) (I'm reading a book written by) a famous American doctor.
(2) (The woman talking with an old man is) my mother.
(3) (That bridge made of wood was built) 100 years ago.
〔解説〕 (1) 現在進行形。bookをwritten ～ doctorが飾っている。
(2) womanをtalking with an old manが飾っている。
(3) bridgeをmade of woodが飾っている。made of ～で「～で作られた」という意味。主語がThat bridge made of woodで, 受け身の文である。

4 〔解答例〕 (1) He has a car made in the U.S.
(2) I read a story written by an old woman this morning.
(3) I can see my favorite animals living only in Australia.
〔解説〕 (1) carをmade in the U.S.を飾っている。「アメリカ製の自動車」。

(2) readは過去形。storyをwritten by an old womanが飾っている。今朝はthis morning。

(3) 「会うことができる」はcan see。「ボクのお気に入りの動物たち」はmy favorite animals。living only in Australiaでanimalsを飾る。

26 命令文

1 【解答】 (1) 指示・命令：Open your textbook.
禁止：Don't open your textbook.
(2) 指示・命令：Watch this video.
禁止：Don't watch this video.

【解説】 (1)(2)命令は動詞の原形から始め, 禁止はDon'tから始める。

2 【解答例】 (1) 手を洗うとき, 水を使いすぎるのをやめなさい。
(2) あなたの周囲の人々について考えてください。
(3) 英語のCDを聞いて, その後に繰り返しなさい。

【解説】 (1) Stop usingは「使うな」という命令。use too much waterは「水を使いすぎる」。wash your handsで「手を洗う」。
(2) think about 〜は「〜について考える」, people around youで「あなたの周囲の人」。
(3) andはListen to English CDsとrepeat after themをつないでおり, 命令が2つあると考える。themはCDsをさしている。

3 【解答】 (1) Don't (go out without telling me).
(2) (Don't be afraid of mistakes in speaking) English.
(3) (Look at the boy carrying a large bag) across the road.

【解説】 (1) go outは「出て行く」。without doingは「doせずに」。
(2) be動詞があるが, 命令形の場合にはDon'tから始めることに注意。Be notとしない。be afraid of 〜は「〜をおそれる」。in doingは「doするとき」という意味。

(3) boyをcarrying 〜 the roadが飾っている。

4 【解答】 (1) Hurry up, or you will miss the last train.
(2) Turn right at the second corner.

【解説】 (1)〈命令形, or 〜〉を使う。「終電」はthe last train。「〜に乗り遅れる」はmissを使う。
(2)「右に曲がる」はturn right,「左に曲がる」はturn left。「二番目の角」はthe second corner。

確認問題10〈動名詞・分詞・命令文〉

1 【解答】
(1) I gave up traveling because I was too busy.
(2) Do you know the girl wearing a red hat?
(3) Get up now, or you will be late for school.

【解説】 (1) give up doing「doすることをあきらめる」, because 〜「〜なので」という意味。
(2) wearing a red hatがgirlを飾り,「赤い帽子をかぶった女の子」という意味になる。
(3)〈命令形, or〉で「さもないと」, get up「起きる」, be late for 〜「〜に遅れる」という意味。

2 【解答】
(1) Getting up early is good for your health.
(2) They (stopped talking when I entered the room).
(3) Reading a newspaper is important to get information.

【解答例】
(4) 彼らは北海道旅行をすることについて話し始めた。
(5) 私たちは湖の周りを歩き, 写真を撮ることを楽しんだ。
(6) Going camping with friends is fun.
(7) They stopped playing baseball.

【解説】 (1) Getting up earlyは「早く起きること」。

(2) stop *doing*「*do*することをやめる」, enter the room「部屋に入る」。
(3) Reading a newspaperは「新聞を読むこと」, get information「情報を得る」。
(4) start *doing*で「*do*し始める」, talk about ～で「～について話す」。
(5) enjoy *doing*で「*do*することを楽しむ」。
(6) 「キャンプに行く」はgo camping。
(7) stopの過去形はstopped。pが重なる。stop *doing*「*do*することをやめる」。

3 〔解答〕
(1) He is the doctor helping people in poor countries.
(2) This is a famous poem written by Poe.
〔解答例〕(3) 向こうでテニスをしている男の子は私の息子だ。
(4) その時, 私は韓国人の歌手によって歌われた歌を聞いていた。
(5) ソファで寝ているネコが見えますか。
(6) The woman talking to[with] Mary is my aunt.

〔解説〕(1) helping people in poor countriesがdoctorを飾り,「貧しい国で人々を助けている医師」となる。
(2) written by Poeがpoemを飾り,「ポーに書かれた詩」となる。
(3) playing tennis over thereがboyを飾り,「向こうでテニスをしている男の子」となる。
(4) sung by Korean singerがsongを飾り,「韓国人の歌手によって歌われた歌」となる。
(5) sleeping on the sofaがcatを飾り,「ソファーで寝ているネコ」となる。
(6) 「メアリーと話している女性」はthe woman talking to[with] Mary。talking to [with] Maryがwomanを飾っている。

4 〔解答〕(1) Please (open your textbooks to page 18).
(2) Don't be late for the meeting.
〔解答例〕(3) 小さな子どもには優しくしなさい。
(4) 急ぎなさい, そうすれば最終バスに乗れますよ。
(5) メアリーと道路をわたっている男の子を見なさい。
(6) Don't open the box now.

〔解説〕(1) 命令形にpleaseをつけて, 少していねいな表現にしている。「18ページを」は"to page 18"。
(2) beがある場合にも, 命令形ではDon'tから始める。be late for ～「～に遅れる」
(3) be kind to ～で「～に親切にする」
(4) 〈命令形, and ～〉「そうすれば～」という意味。take a busは「バスに乗る」という意味。
(5) crossing the street with Maryがboyを飾り,「メアリーと道路をわたっている男の子」となる。
(6) 命令で禁止をしているので, Don'tから始める。

第2章 覚えておきたい構文・表現

1 覚えておきたい構文・表現①

1 〔解答例〕 (1) 伝統的なことについて学ぶことはよい。

(2) その当時は, 外国で働くことは簡単なことではなかった。

(3) お年寄りの女性を助けたペットの話がある。

〔解説〕 (1) It が to learn about traditional things を指している。learn about ～ は「～について学ぶ」。

(2) It が to work in a foreign country を指している。in those days は「当時は」。

(3) There is[are]～は「～がある[いる]」。that は関係代名詞で, that ～ an old woman が pet を飾っている。

2 〔解答〕 (1) Is there anything interesting in that book?

(2) (Is it difficult for you to speak) Japanese, Linda?

(3) I finished writing my speech.

(4) The ALT said, "I am going to (ask some students to make speeches about the school trip) in my next class."

〔解説〕 (1) anything interesting は「何か興味深いこと」という意味。interesting anything としないように注意したい。

(2) 〈 It is ～ to do 〉の構文の疑問文。it が to speak Japanese を指している。

(3) finish writing は「～を書き終える」という意味。

(4) ask ～ to do の表現。～には some students, to do には to make speeches が入る。「～について」と言うときは about を使う。

3 〔解答〕 (1) is / good / at

(2) asked / to / cut (3) finished / playing

〔解説〕 (1)「～が上手だ」は be good at を使う。be は主語によって変わる。

(2)「～に do を頼む」は ask ～ to do を使う。「髪の毛を切る」は cut one's hair。

(3) 現在完了を使う。「サッカーをする」は play soccer なので,[サッカーをすることを終える]と考える。

2 覚えておきたい構文・表現②

1 〔解答例〕 (1) 私の英語を手伝ってくれませんか。

(2) 散歩に行きませんか。

〔解説〕 (1) Will you ～? で「～してくれませんか」という依頼や勧誘を表す。help A with B は「A の B を手伝う」という意味となる。

(2) How about ～? は「～(して)はどうか」という意味。go for a walk で「散歩をする」。

2 〔解答〕 (1) How about having lunch together?

(2) Could you (help me with my homework)?

(3) Ted (asked Julia to help him with) his homework.

〔解説〕 (1) How about ～? は「～(して)はどうか」という意味。have lunch は「昼食を食べる」。

(2) help A with B は「A の B を手伝う」という意味。A は me, B は my homework

(3) 前のページで学習した ask ～ to do と help A with B が合わさっている。ask ～ to help A with B と考える。

3 〔解答〕 (1) One / the other

(2) One / another / the others

(3) Some / the others (4) Some / others

〔解説〕 (1) 2つ[2人]のときには, one, the other を使う。

(2) 3つ[3人]以上のときには, one, another を使う。最後は,「残りは」ということなので, the others となる。

(3) 3つ[3人]以上のときに使い, some, the others で集団を2つのグループに分ける。

(4) 3つ[3人]以上のときに使い, some, others でその中の一部を表す。

3 覚えておきたい構文・表現③

1 〔解答例〕 (1) ALT は,「私はよく日本映画を見て, 好きな俳優のセリフを真似しようとしたり, 覚えようとしたりします」といった。

(2) 私は家族に, 学校や仕事に行く前に花を見てもらいたい。

解説 (1) andはimitateとrememberをつないでいる。try to doのdoがその2つの動詞なので,「真似をしたり, 覚えようとする」という意味となる。some of my favorite actor's wordsは「私のお気に入りの俳優のセリフ(の一部)」。

(2) want ～ to do「～にdoしてほしい」の表現。～にはmy families, doはseeとなっている。beforeは接続詞で,「～の前に」, go to workは「仕事に行く」。

2 **解答** (1) Please (tell him to call) me later.

(2) I (want people to enjoy using) my pottery.

(3) (Why don't you start your speech with) some humor?

解説 (1) tell ～ to doを使う。

(2) want ～ to doは「～にdoしてほしい」という意味。enjoy usingは「使うことを楽しむ」。

(3) Why don't you doで「doしたらどうですか」という相手に対する提案。start your speechで「あなたのスピーチを始める」。

3 **解答** (1) told / about (2) tried to
(3) Why don't you (4) told / to (5) tried

解説 (1) tell ... about ～「～について…に話

す」。

(2) try to do「doしようと努力する」。

(3) Why don't you do?で「doしたらどうですか」という相手に対する提案。

(4) tell ～ to do「～にdoするようにいう」。

(5) try doing「ためしにdoしてみる」。

so ～ that ... , too ～ to ... 構文

1 **解答例**

That hotel is so expensive that I cannot stay there.
「あのホテルはとても高いので, 私はそこに泊まることができない」

It is so cold today that we cannot swim in the river.
「今日はとても寒いので, 川で泳げない」

They were so old that they could not climb Mt. Fuji.
「彼らはとても年を取っていたので, 富士山には登れなかった」

2 **解答**

(1) This coffee is too hot to drink.
「このコーヒーは熱すぎて飲めない」

(2) My grandfather is too old to run fast.
「私の祖父は年を取りすぎて、速く走れない」

第3章 長文問題にチャレンジ

長文問題1

〔解答〕

(1) ア. 4 イ. 3 ウ. 1 エ. 2 オ. 3
(2) ア. 5 イ. 6 ウ. 1

〔解説〕

ll.2-3 He wanted to find the best person to make his country better.
want to *do*「*do*したい」, to make「〜するために」（副詞的用法）
make his country better : make A B「AをBにする」。A : his country B : better

ll.10-12 After about two weeks some of the young people began to talk about their plants which came from their seeds.
After about two weeks「約2週間後」aboutは「約、だいたい」という意味。begin to *do*「*do*し始める」。
their plants which came from their seeds : whichは主格の関係代名詞。which came from their seedsがplantsを飾っている。

ll.21-22 I'm very glad to see your plants.
be glad to *do*「*do*してうれしい」

ll.22-23 he looked at a boy who had a pot with no plants and told him to come to the front.
a boy who had a pot with no plants : whoは主格の関係代名詞。who 〜 plantsがboyを飾っている。
and : 時間的なつながりを表している。tell 〜 to *do*「〜に*do*するようにいう」。

(1) ア. 第1段落の最後の1文と一致する。
　　イ. 第3段落の後半を参照する。
　　ウ. 第6段落を参照する。
　　エ. 第6段落の最後の1文と一致している。
　　オ. 第7段落を参照。
(2) ア. 第6段落のno plantsを代用できるのはnothingのみ。
　　イ. 王様から渡された種を育てられなかったので、王になるのはhardだと思った。
　　ウ. 第4段落 "I know you did the best thing you could."を参照。

〔英文の全訳〕

　昔、ある小さな国に王様が住んでいましたが、だんだん年老いてきました。ある日、彼は次の王を見つける必要があると思いました。彼は国をより良くする最適の人間を見つけたいと思いました。

　王様はその国のすべての若者を宮殿に呼びました。彼は「君たちの中から次の王を選ぶつもりだ」といいました。そこにいた若者たちは驚きました。王様はいいました、「今日、君たちみんなに種を与える。それを植えて、水をやり、その種から育った植物を持って、今日から6か月後ここにまた来てほしい。その時、その植物を見て次の王を選ぶつもりだ」

　それは若者にとってわくわくさせるものでした。ジョーはそのうちの1人でした。彼は家に帰り、それをとても慎重に鉢に植えました。彼は毎日それに水をやり、観察しました。2週間ぐらい経って、種から芽が出た植物について話し始める若者もいました。ジョーはそれを聞いて悲しい気持ちになりました。しかし彼は、もっと時間が必要なのだと思い、待ちました。3か月が過ぎましたが、ジョーはまだ自分の鉢の中に何も見つけられないでいました。彼は自分の種が死んでしまった事に気がつきました。

　6か月が過ぎ、その日がやってきました。ジョーは彼の母親にいいました。「僕は鉢を宮殿に持っていかない。その鉢を見たら、王様は怒って、僕を罰するって、みんながいうんだ」母親は、「何かまずいことでも？ 私はあなたができる限りの事をしたと知っているのよ。行って、それを見せてきなさい」といいました。

　宮殿に着いたとき、ジョーは自分以外のすべての人が持ってきた美しい植物を見て驚きました。彼らは、ジョーの鉢を見て笑いました。

　その時、王様が姿を見せました。彼は部屋を歩き回り、いいました。「私は君たちの植物を見て、とてもうれしい。その植物は君たちがどういう人間なのかを表しているのだよ」それから、彼は植物のない鉢を持った少年を見て、前へ来るようにいいました。みんなが彼を心配していました。

　王様はみんなにいいました。「私の話を聞きなさい。

6か月前,私はここにいるすべての者に種を与えた。しかし,私が君たち全員に与えた種はゆでられていて,その種からはどんな芽も出ないということを知っていた。この少年以外のすべての者が今,美しい植物を手にしている。このことは,その植物を手に入れるために何かをしたという事を意味しているのだ。彼の鉢を注意深く見なさい。彼の鉢に植物が見えるかね? 見えるはずがない。これが次の王に私が望んでいた植物なのだよ」。

長文問題2

解答

1. イ
2. 多くのレジ袋がゴミになるから
3. I (learned it from a book) about her.
4. A:カ B:ア
5. 「もったいない」ということばを心の中に持ち,何をすることができるのかを考えるべきだということ。
6. ⑤イ ⑥ア ⑦ウ

解説

ℓ.3　About thirty billion plastic bags are used in Japan every year.
　主語はAbout thirty billion plastic bags「約300億のレジ袋」。
　are used:「使われる」(受け身〈be + 過去分詞〉「〜れる」「〜られる」)

ℓℓ.16-17　She has worked hard to protect the environment for a long time.
　has worked:現在完了<have[has]+過去分詞> 継続「(ずっと)〜している」
　to protect:副詞的用法の目的「〜するために」

ℓℓ.23-24　she took out her *furoshiki* and used it to carry things she bought.
　and:時間的なつながりを表している。
　it:*furoshiki*を指している。
　to carry:副詞的用法の目的「〜するために」
　things she bought:関係代名詞whichがthingsとsheの間に省略されている。

1. 3, 5行目を参照。
2. 直前の真紀のことばを参照
3. learn A from B「AをBから学ぶ」

4. A:真紀のセリフを受けて,ワンガリ・マータイさんの話をすすめている
   B:ダンカンが風呂敷のことが分からなく,真紀に尋ねている。
5. 直前のダンカンのことばを指している。
6. ⑤13行目のダンカンのことばより,favoriteだとわかる。
   ⑥7行目の真紀のことばから,giveだとわかる。
   ⑦最後のダンカンのことばから,keepだとわかる。

英文の全訳

ダンカン：ある本で面白い話を読んだんだ。レジ袋に関する話なんだけど。
マキ：レジ袋?
ダンカン：そうだよ。約300億枚のレジ袋が毎年,日本で使われているんだ。
マキ：知らなかったわ。
ダンカン：日本にいるすべての人が毎日1枚レジ袋を使っていることになるんだ。僕はとても驚いたよ。君もお店でレジ袋をもらうのかい?
マキ：ええ。買い物をしたときにもらうわよ。
ダンカン：またその袋を使うの?
マキ：何枚かは使うわ。でも多くがゴミになっちゃうわ。
ダンカン：それってもったいないことだと思うよ。
マキ：何? あなたもったいないって言ったの?
ダンカン：うん。君はワンガリ・マータイを知っている? 僕は彼女について書かれた本からその言葉を知ったんだ。彼女はその日本の言葉が好きなんだよ。僕もすごく好きだけどね。
マキ：私も彼女の名前聞いたことがあるわ。2004年にノーベル平和賞を取った女の人でしょ。
ダンカン：そのとおり。彼女は長い間,環境を守るために懸命に働いてきたんだよ。僕も環境保護には興味があるんだ。
マキ：私たちには何ができるの? あら,ダンカン。あなたテーブルの上に素敵なものがあるじゃない。
ダンカン：このテーブルクロスのこと?
マキ：それは,テーブルクロスではないのよ。風呂敷というの。
ダンカン：風呂敷? それは何?
マキ：それは物を運ぶためのものよ。先週,あるお店でお婆ちゃんを見たわ。店員が物をレジ袋に入れよ

うとしたとき，彼女は風呂敷を取り出して買った物を運ぶためにそれを使ったの。
ダンカン：へえ，じゃあ，僕たちも何かを買うとき，風呂敷を袋として使うことができるんだね。とても良い考えだよ。地球のために僕たちができるたくさんの事があると思うんだ。風呂敷を使うことは，その中のまさにその1つなんだよ。僕たちはいつも心の中にもったいないという言葉を持ち，僕たちに何ができるか考えるべきだよ。
マキ：　　私もあなたの考えに賛成するわ。

長文問題3

解答
(1) ① イ　② ウ
(2) エ
(3) ア
(4) ① ア　② エ　③ ウ　④ エ

解説

ll.5-6　**But people stopped swimming there about 20 years ago because it was polluted.**
stop swimming：stopの後には不定詞の名詞的用法はこない。stop *doing*「*do*をやめる」。
because SV：「SVなので」と理由を表す接続詞。
it was polluted：受け身（be + 過去分詞「～れる」「～られる」）　過去形に注意。

l.7　**I want to make the lake clean again.**
want to *do*「*do*したい」
make the lake clean：make A B「AをB」にする。A：the lake　B：clean

l.14　**I'd like to tell you about five different wastes:**
would like to *do*「*do*したい」（want to *do*よりもていねいな表現）
tell A about B：「BについてAに話す」。A：you　B：five different wastes

(1) ① グラフAから判断する。
② 「水質汚染を減らすために，自宅で何ができるのだろうか」という意味になる。

(2) 魚が住めるようになるため，どのくらいの水で薄めなければならないかというグラフ。
(3) 第3段落5行目以降を参照。
(4) ① 手紙の2行目からsameだと分かる。
② 「手紙を読んだ後で」とする。
③ tell A about B「AにBについて話す」
④ 「彼らがあなたの考えを理解する」と考える。

英文の全訳
親愛なるボブへ
　手紙ありがとう。水質汚染に関する君のレポートはとても面白かったよ。僕も水質汚染の問題には興味があるんだ。君に僕の町の小さな湖の話をしたいと思う。その湖の水は30年前はとてもきれいだったんだよ。たくさんの魚がいて，子ども達はその湖で泳ぐこともできたんだ。だけど，湖が汚染されて，人々は20年前にそこで泳ぐことを止めてしまったんだ。
　今，その湖はまだ汚染されていて僕はその湖を再びきれいにしたいと思っているんだよ。でも，どうすれば良いんだろう？　ある日僕は図書館に行って，2つの表を見つけたんだ。表Aを見てごらんよ。僕たちは，水質汚染の程度を測るのにCODを使うんだ。CODの値が大きいものは，その水がひどく汚染されている事を表しているんだよ。値が小さいものはそれほど汚染されていないことを表しているんだ。表Aは僕の町にある湖の水質汚染には3つの原因があることを示しているんだよ。それは家庭と自然，そして産業の廃棄物なんだ。この表から，家庭廃棄物がその湖の全体の水質汚染に関して3つの原因のうちもっとも大きな影響を及ぼしているということに気がついたんだ。
　次に，5つの異なった廃棄物に関して君に話したいと思う。それは，マヨネーズ，牛乳，シャンプー，醤油，そして使用された料理用の油なんだよ。それらは毎日家庭で使われ流されているんだ。だから僕はそれらについて勉強したんだ。表Bを見てごらん。それは廃棄物をきれいにすることは多くの水を必要としている，ということを示しているんだ。20mlの牛乳を魚がその中で生きられるほど十分にきれいにするには浴槽一杯の水が必要なんだよ。それは300Lもの水なんだ。すごくたくさんの水だと思う。20mlの醤油なら浴槽3杯の水が必要なんだ。マヨネーズはシャンプーよりもっと多くの水を必要とし，使用された料理用の油はすべての中で一番多くの水を必要とするんだよ。今，水質汚染を改善するために僕たちには何ができるのだろう。それは，それほど難しい

事ではないよね。例えば,僕たちは食べ物を残さず食べるべきだよ。使用された料理用の油を流したり,あまり多くシャンプーを使うべきではないよね。僕は,水質汚染を改善する方法に関するレポートを書いて,それについて学校の友達に話をしようと決心したんだ。いつか僕たちがその湖で楽しく泳げることを望んでいるんだ。君はどう思う？

雅夫より

長文問題4

解答

1. ① エ　④ ア
2. ウ
3. It is 【 a wonderful book written by an American woman 】.
4. イ
5. 彼女の母親は多くのことばを忘れてしまっていたが,その絵本を読むことで,絵について話し始めるようになった。
6. what to
7. (1) Because she likes reading very much.
   (2) Yes, she does.
8. ウ

解説

ℓℓ.5-6　I will ask some teachers and students to write about their favorite books.
ask A to do:「Aに do してほしいという(頼む)」
A: some teacher and students　do: write

ℓ.16　Why don't you tell us about a good English book for Japanese students?
Why don't you do「do したらどうですか」。
tell A about B「AについてBに話す」。A: us　B: a good English book for Japanese students

ℓℓ.35　I want many students to know reading is fun.
want ～ to do:「～に do してほしい」。～: many students
know reading is fun: knowの後に接続詞thatが省略されている。

1. ① 健二が先生や生徒にお気に入りの本を尋ねているという話の流れ。
   ② 母親がことばを忘れてしまったので,彼女と話ができなくなった女性が話題。
2. 6行目を参照。
3. 「アメリカの女性によって書かれた本」。bookを過去分詞(written by an American woman)で飾る。本文76-77ページを参照。
4. Usually, they are written for small children. が省略されている。
5. 下線部⑤のすぐ上のスミス先生の発言を参照。
6. 「何を～したらよいのか」と考えて,what to をいれる。本文34-35ページを参照。
7. (1) Whyで尋ねられているので,Becauseで答える。本文13-14行目を参照。
   (2) 本文の最後から6〜7行目参照。
8. 健二の最後から2つめの発言を参照。

英文の全訳

スミス先生：こんにちは,健二。何をしているの？

健二：　　こんにちは,スミス先生。来月の図書だよりを作っているんです。

スミス先生：へえ。10月の話題は何なの？

健二：　　何人かの先生や生徒にお気に入りの本について書いてくれるよう頼もうと思っているんです。

スミス先生：それはおもしろそうね。

健二：　　スミス先生,先生は読書が好きですか？

スミス先生：もちろんよ。本の無い人生なんて考えられないわ。みんな私のことを本の虫って呼ぶのよ。

健二：　　本の…？ 何ですかそれ？

スミス先生：本を食べる小さな生き物のことよ。でも,本を読むことがとても好きな人のことを指したりもするのよ。

健二：　　わかりました。先生も読書だよりに書いてくれませんか？

スミス先生：喜んで。大好きな本がたくさんあるの。1冊選ぶのは難しいわね。

健二：　　僕たち日本人の生徒に最適な英語の本について教えてくれるというのはどうですか？

スミス先生：いい考えだわ。良い絵本があるの。アメリカの女性が書いたすばらしい本なのよ。彼女はそれを母親のために書いたのよ。

健二：　　なぜ,母親のために書いたのですか？ 普通,絵本は小さな子ども向けに書かれるものではないの

ですか？

スミス先生： たいていはそうよ。でも，大人に多くを教えてくれる絵本だってあるのよ。その女性の母親はとても年老いていて，あまり思い出すことができなかったの。彼女たちはいっしょに話すこともできなかったのよ。母親が多くの言葉を忘れてしまっていたから。

健二： それは悲しいです。

スミス先生： ええ。でも，その女性はあきらめなかったのよ。彼女は母親といっしょに人生を楽しみたいと思って，絵本を書いたのよ。話の内容は母親のお気に入りの物に関するものだったの。母親はその絵を見ているのが好きで，それからその絵について話し始めたのよ。

健二： へぇ，すごい。

スミス先生： その絵本は彼女の母親の人生を変えたのよ。そして，その女性も幸せになったの。

健二： 僕は本当にその本を読んでみたいです。その本について書いてください。

スミス先生： いいわよ，健二。多くの生徒が読書を楽しんでいるのかしら？

健二： うーん，ほとんどの生徒が読書好きだと思いますが，僕の友達の中には，読書する時間があまり持てない人もいます。何を読んだらいいかわからない人もいます。

スミス先生： わかったわ。多くの生徒に読書は楽しいということを知ってもらいたいわ。本はきっと多くの役に立つことを彼らに悟らせるでしょう。

健二： 僕もそう思います。本を読むとき，その中の言葉はしばしば僕を幸せな気持ちにさせるのです。

スミス先生： そうよ。1人で読書をすることは楽しい。けれど，友達と本を読み，後でその本について話すこともまた楽しいのよ。考えを共有できて，たくさんの新しいことを学べるでしょ。

健二： その通りですね。今日，先生と話せて楽しかったです。先生のお気に入りの本について僕の友達にも話してあげてくれませんか？そして，その絵本を僕たちに見せてください。

スミス先生： もちろんよ。喜んでそうするわ。

健二： ありがとうございます。

長文問題5

解答

(1) (A) 3 (C) 1
(2) 2
(3) 4
(4) (a) parents (b) sad
    (c) dream   (d) see

解説

ll. 10-11 Yuka understood that it was not dangerous to walk under the sea.
that SV：thatは接続詞。「SVということを」
it was not dangerous to walk under the sea：it is 〜 to *do*「*do*することは〜である」

ll. 13-14 Yuka and her mother didn't walk under the sea that day and went back to their hotel.
Yuka and her mother：このandはYukaとher motherをつなげている。
that day「その日」
and：このandは時間的なつながりを表している。
went back to 〜：「〜に戻った」
〜：their hotel

(1) (A) 父親の"Let's walk under the sea today."というセリフをうけて。
   (C) 一度は「海中散歩」をしなかったが，"Can I see the beautiful world under the sea?"というユカのセリフをうけて。
(2) 下線部(B)の上2〜4行目を参照。
(3) 本文の最後から1〜2行目を参照。
(4) (a) 次にand her brotherと続くのでparentsとなる。familyだとand her brotherとならない。
   (b) 第1段落から判断。ユカは泳げないので，she couldn't enjoyとある。
   (c) 第5段落を参照。
   (d) 第6段落を参照。

英文の全訳

去年，ユカは家族といっしょに沖縄に行きました。ホテルの前の浜辺はとてもきれいでした。彼女はそこに滞在して楽しんでいましたが，楽しめないことが一つありました。それは水泳でした。彼女はうまく泳げなかったので

す。ユカの父親は彼女が楽しめるものを考えました。

　２日目，父親は家族にいいました。「今日は海の中を歩こう」ユカの兄はそれを聞いたとき，「どうしたらできるの？」といいました。「そんなの簡単だよ。ただ，頭に特別なヘルメットをかぶればいいんだよ。空気を吸い込むこともできるし，インストラクターもいっしょだよ」と父親はいいました。「すごいじゃん。やってみたい」と兄はいいました。母親も賛成でした。ユカは父親のその考えに賛成できなかったのですが，彼らといっしょに浜辺へ行きました。

　インストラクターの話を聞きました。ユカは海の中を歩くことは危険ではないということを知りました。父親はインストラクターの後について海に入って行き，兄がそれに続きました。母親が海に入ろうとしたとき，ユカは突然泣き出しました。「大丈夫？」と母親は尋ねました。「私にはできないわ」とユカは答えました。その日，ユカと母親は海の中を歩くことなく，ホテルに戻りました。

　父親は海の中で何枚かの魚の写真を撮り，その写真をユカに見せました。彼女はその写真に写っている魚をとても美しいと思いました。「僕なんかえさをあげたんだよ。楽しかったよ。ユカもやるべきだよ」と兄はいいました。

　その夜，ユカは夢を見ました。夢の中で彼女は魚に囲まれながら海の中を歩くことを楽しんでいました。その魚を触ろうとしたとき，ユカは目を覚ましました。「自分の目であの美しい魚を見てみたい」とユカは思いました。

　次の朝，ユカは早起きして家族にいいました。「私にも海の中の美しい世界を見ることができるかな？」「もちろんよ，ユカ。もう一度やってみましょう」と母親はほほえんでいいました。ユカは家族といっしょに再び浜辺に向かいました。

　ユカは深呼吸して母親に続いて海の中へ入って行きました。水中で彼女は自分を取り囲むたくさんの種類の魚を見ました。彼女は本当に幸せでした。

　水中を歩いた後，彼女は父親にいいました。「すばらしかったわ。ありがとう」「もう一度，海の中へ戻って，魚といっしょに泳ぎたいかい？」と父親は尋ねました。「もちろんよ」とユカは答え，笑顔がこぼれました。

長文問題６

[解答]

1. Can [May]
2. ウ
3. cake your father made was
4. So I don't have to help (him) today.
5. (1) He talked with Tom at his father's shop.
   (2) She was fine.
6. ⑤ was　⑥ bought　⑦ イ　⑧ エ

[解説]

ℓ.7　But it's hard for me to wrap a box of cake.
it's hard for me to wrap a box of cake：it is ～ for A to do「Aにとってdoすることは～である」

ℓ.26　I'm going to do my homework and watch TV.
be going to do：「doするつもりだ」，do my homework：「宿題をする」。
and：do my homeworkとwatch TVをつないでいる。

1. お客さんが入ってきたときに「いらっしゃいませ」という言い方が，Can [May] I help you?。Mayを使う方がていねい。
2. 直前のKenのセリフを指している。
3. cakeの後に関係代名詞が省略されている。本文28～29ページを参照。
4. 「～する必要がない」はdon't have to ～を使う。本文22～23ページを参照。
5. (1) 日曜日にケーキを買いに行ったときに，そのお店で会った。
   (2) 最後から６～７行目参照。
6. ⑤「～して驚いた」はbe surprised to do
   ⑥ ケーキを買ったので，buyを過去形にする。
   ⑦「話をしているとき」と考える。また，選択肢の中で接続詞はwhileのみ。
   ⑧ make A Bで「AをBにする」

[英文の全訳]

　先週の日曜日，トムはケーキ屋に行きました。
健：いらっしゃいませ。
トム：おお，健。ここで何をしているの？
健：えぇっと，ここは僕の父さんの店なんだよ，トム。普段は母さんが父さんといっしょに働いているんだけど，今風邪をひいていて今日は家で休んでいるんだ。

トム：そうなんだ。うまくやってる？
健：うん。お客さんにケーキを売ることは楽しいよ。だけど，ケーキの箱を包装するのは僕には難しいや。
トム：心配するなよ。すぐにできるようになるって。
健：ありがとう。
トム：それで，妹のために何個かケーキを買いにきたんだけど。どのケーキが人気があるの？
健：えぇっと，このケーキとあのケーキかな。女の子が好きなケーキだよ。
トム：ふーん。じゃあ，そのケーキをもらうよ。4つちょうだい。
健：ありがとう。どうぞ。
トム：ありがとう。じゃあね。また明日。

次の日，健とトムは学校で話していた。

トム：君のお父さんが作ったケーキ，おいしかったよ。妹も喜んでいたよ。
健：ありがとう。またケーキ買いに来てよ。
トム：うん。昨日は忙しかったの？
健：うん。たくさんのお客さんが来たからね。長い時間立っていたから，今も疲れがとれないよ。でも，良い経験ができたと思っているんだ。
トム：よかったね。
健：お客さんは僕からケーキを受け取るとき，「ありがとう」って笑顔でいうんだよ。僕はとてもうれしかった。
トム：そうだね。お母さんはまだ風邪をひいているの？
健：ううん。いつものように父さんと働いているよ。だから，今日は手伝う必要はないんだ。宿題をしてテレビを見るつもりなんだ。
トム：また，お父さんを手伝いたいと思う？
健：うん，思うよ。今朝，父さんが僕に「ありがとう，健。昨日はとても熱心に働いてくれたね」と言ってくれたんだ。僕はそれを聞いて，とてもうれしかったんだ。
トム：すごいね，健。

長文問題7

【解答】

(1) ウ
(2) a
(3) イ
(4) ペットの世話をすることで，子供はペットへの愛情を感じ，命はとても大切なものであることを学ぶから。
(5) ある年配の女性は病状がとてもひどく，数日間動けなかったが，犬に手を差しだし笑うようになり，回復した。
(6) エ
(7) ① We have to give it food and walk with it every day.
② It is important to try to understand how they feel.

【解説】

ll.2-3 About 63% of the people who do not have any pets now want to have a pet.
who：主格の関係代名詞。who ～ nowまでが関係代名詞節でpeopleを飾っている。この文の主語はAbout 63% of the people who do not have any pets nowとなる。
want to *do*「*do*したい」

ll.13-14 By taking care of pets, children feel love for their pets and learn that life is very important.
By taking care of pets：by *doing*「*do*することで」。
and：このandは時間的なつながりを表している。
learn that life is very important：thatは接続詞。that SV「SVということを」

ll.27-28 These people do not understand that the lives of pets are as important as the lives of people.
understand that SV：「SVを理解する」
lives：life（命）の複数形。
as important as ～「～と同じくらい重要」

(1) 下線部Aの直後を参照。
(2) 第2段落1行目にWhy do so many people want to have pets? に対して，FirstとThirdという理由が述べられているので，その間に入れる。
(3) ペットは人間にとても大切な何なのか，ということなので，friend。

(4) 同じ段落の By taking care of pets のあとに, その理由が書かれてある。理由を聞かれているので, 最後は「から」で終わる。

(5) 第4段落2〜3行目参照。

(6) 「ペットの命は人間のと同じくらい大切だということを理解していない人々」なので, エを選ぶ。

(7) ① 第2段落5行目の Taking care of pets is a lot of work. の例として, if we have a dog の後にしなければいけないことが書かれている。
② 下から3〜4行目をまとめる。

[英文の全訳]

ペットを飼っていますか？ あるアンケートでは約50%の人がペットを飼っているそうです。現在1匹もペットを飼っていない人の約63%がペットを飼いたいと思っています。現在ペットを飼っていなくて, かつ飼いたくもないと思っている人がいます。彼らは動物が嫌いなのでしょうか？ そうではありません。彼らの約75%が動物は好きだと答えています。ペットとしてどんな動物を飼いたいですか？ ネコ？ 犬？ 鳥？ アンケートからみると犬がとても人気のある動物だと分かります。

なぜそれほど多くの人がペットを飼いたいのでしょうか。まず始めに, ペットと過ごすと人は幸せになります。ペットというのは人にとってとても大切な友達なのです。ペットと過ごしていると人はくつろいだ気分になるのです。第二に, ペットのおかげで家族のコミュニケーションがとりやすくなります。家族の人たちはしばしばペットといっしょになって楽しく遊びます。またペットについて楽しく語ったりします。第三に, ペットの世話をすることは子供には好ましいことです。ペットの世話というのはひと仕事です。たとえば, 犬を飼っていたら毎日えさをあげて散歩させなければなりません。時には医者に連れて行かなければなりません。ペットの世話をすることで子供たちはペットを愛しく思い, 命が大切だということを学ぶのです。

ペットはまた病人や老人にも役に立ちます。彼らには犬をつれて散歩することが適しているのです。ネコがボールにじゃれているのを見れば微笑んだりします。ペットといっしょにいるとしばしば幸せな気持ちになります。そうやってペットは人を助けてくれるのです。

ある年配の女性を助けたペットの話があります。彼女は病が重く, 何日も横になったままでした。ある日, 医者が彼女の犬をベッドに連れてきました。そうすると女性の手が犬のほうにゆっくりと動いて, 彼女は笑顔を見せました。その後, 彼女は回復したのです。彼女はその犬を"私のおともだち"と呼びました。

しかし, ペットについての悪い話もあります。泣き声のうるさい動物もいるし, 世話してやらないと危険な動物もいます。動物の嫌いな人もいることを忘れてはいけません。彼らはペットのしでかす悪いことに文句を言ったりします。

私達は悲しいペットの話をしばしば耳にします。面倒見たくなくなるとペットを捨ててしまう人もいます。そうなったペットは哀れで助けを必要としています。ペットの命が人命と同じように大切なものだということがそういう人にはわからないのです。

ペットが私達を幸せにしてくれるのですから, 私達もペットのよき友達でなければなりません。よき友達であるためには, 彼らの気持ちを理解しようとしなければなりません。それがとても大切なことなのです。ペットを友達や家族として考えて見ましょう。そうすれば私達もペットも幸せになるはずです。

長文問題8

[解答]

1. よい友達を見つけること
2. エ
3. 私にはよい友達がいる（ということ）
4. (1) for / fifteen (2) No / wasn't
5. エ, オ

[解説]

ℓℓ.4-5 It is a little difficult for me to explain it in easy English.

it is 〜 for A to do「Aにとって do することは〜である」。

explain it：it は前の文の 'precious encounter' を指している。in easy English「やさしい英語で」。

ℓℓ.30-31 The idea that I have good friends makes me very happy.

The idea that I have good friends：that は目的格の関係代名詞。I 〜 friends の関係代名詞節が idea を飾る。

make AB：「AをBにする」A：me B：very happy

1. 同じ段落にprecious encounterを指して, it means to find good friends.とある。問題に「どのようなこと」とあるので, 解答の最後に「こと」をつける。
2. 「先生に春江といっしょにいていいか」と尋ね, その先生の答えで春江がI felt happy.と答えられる選択肢を探す。
3. 下線部③から2文目のThe idea that I have good friends makes me very happy.とある。
4. (1) 9:30に休み始め, 9:45に出発したので, 休憩時間は15分間。
   (2) 下から2段目を参照
5. ア：Harue didn't want to climbではない。
   イ：先生は春江にto go down the mountain soonとはいっていない。
   ウ：Harue was tired all the timeが間違い。

英文の全訳

親愛なるブラウン先生

こんにちは。昨年の八月, 先生はカナダに帰国されました。現在はカナダの高校で日本語を教えていらっしゃるそうですね。お元気ですか。

「私の好きなことばは【プレシャス・エンカウンター（大切な出会い）】よ。やさしい英語ではちょっと表現しづらいのですが, 私の考えでは, そのことばは良い友達を見つけるということです。良い友達を見つけることは大切ですよ。なぜなら友達というのは大きな力を与えてくれるのですから」と先生は授業中におっしゃいましたが, 私はそのことが忘れられません。

私は今年の夏の7月, 修学旅行で山に登りました。そのときに良い経験をして先生のことばを思い出しましたので, そのことについてお手紙に書こうと思います。

その日, 私は朝6時に起きました。ちょっと暑い日で朝日がきれいでした。「晴れだわ。山の頂上に登りたいなあ」と私は思いました。

私達は7時に登り始めました。みんなうれしそうでした。私も元気でした。たくさんおしゃべりしたり, 時には歌を歌いました。

2時間歩いて, それから休憩しました。そこは低木でしたので周りの美しい山並みが見えました。

また歩き始めると, とても疲れを感じました。「ごめんなさい, もう歩けません」と担任の鈴木先生に言うと, 先生は「わかったわ。しばらくここで休みなさい。いっしょ

にいてあげるから。9時半だし, まだ時間はたっぷりよ」といいました。

私の班の友達は心配そうな顔をしていました。「春江, 私たちもいっしょにここにいるわ。いてもいいですか, 先生？」と友達の一人である智子がというと, 先生は「いっしょにいてもいいわよ」と答えてくれました。だから私はとてもうれしかったです。

しばらくすると少し気分が回復しました。私は智子に「ごめん, 遅れてしまうわね」と言うと, 「気にしないで。私たち友達でしょ。山の上から下の世界をいっしょに眺めたいのよ。きれいでしょうね」と彼女は答えました。彼女はほほえみました。「ありがとう, 智子。もう一度がんばってみるわ」と私がいいました。

私達は9時45分にふたたび歩き始めました。まだ疲れていましたが, 少し元気がでました。その元気を私は友達からもらいました。歩いているときにはみんな何もいいませんでしたが, みんなの暖かい心を感じました。これが私自身の【プレシャス・エンカウンター（大切な出会い）】です。そう思われますか, ブラウン先生？

頂上に着いたとき, 私は友達にいいました。「みんな, ありがとう。今とってもうれしい。そう思うのは頂上に着いたからじゃないの。いい友達がいると思うと幸せな気持ちになるのよ」。

これは鈴木先生が山の上で撮ってくれた写真です。撮影したときは寒くて強風でした。でも頬に当たる風は私にはとても心地よいものでした。

手紙を読んでいただいてありがとうございます。またお時間の許すときに返事をいただければ幸いです。

さようなら　　　　　　　　　　　　　　　　春江

長文問題9

解答

(1) イ
(2) エ
(3) shopping
(4) Separating (garbage is the first thing to do for) recycling.
(5) (ア) how　(イ) of
(6) ア
(7) two / change

解説

ℓℓ.15-16　There are two ways to reduce

our garbage. One way ... The other way ...

two ways:「2つの方法」wayは道ではないことに注意。この2つの方法を受けて, 次からの文でOne way ~ The other way ...(1つ目の方法は~, 2つ目の方法は…)となっている。
to reduce:形容詞的用法で, 直前のwaysを飾っている。

(1)「私たちの生活を(①)するために, 考えてみよう」となるので, 文脈からbetter。
(2) グラフより, 日本のリサイクル率は向上しているので, went up。
(3)「自分の袋を使う」のはshoppingをしに行くとき。
(4) the first thing で「最初にすること」, to doで「するべき」, the first thing to do「最初にするべきこと」をまとまりとして考えると, Separating (garbage is the first thing to do for) recycling . となる。
(5)(ア) how to changeで「どのように変えるか」。
(イ) way of thinkingで「考え方」。
(6) ア. グラフから正しいと分かる。
イ. did not improveが違う。
ウ. is not a good way to recude garbageとはいっていない。
エ. そのようなことはいっていない。
(7)(ア) 本文に「資源を節約すること」と「リサイクルを始めること」の2つがあるのでtwoが正解。
(イ)「私たちが考え方を~すべきだ」となるので, 文脈からchangeが正解となる。

[英文の全訳]

　中学校でゴミの再利用問題を学びましたか? これは私達が都会で抱えている最大の問題のひとつです。生活をよりよいものにするためにその問題について考えてみましょう。

　日本ではどれくらい多量のゴミを捨てているのでしょうか。グラフAを見てください。1999年から2002年まで私達1人1人が毎日1.1キロ以上のゴミを捨てましたが, 2000年以後ゴミの総量は少なくなりました。日本のリサイクル率は上昇し, この3年間で3%改善しました。このことは私達がこの時期に前よりゴミに気をつけ

るようになり, リサイクルに興味を持つようになったということを示しています。

　日常生活でゴミの量を減らすには何をすればいいでしょうか。ゴミを減らすには2つの方法があります。ひとつは資源を大切にすることです。たとえば, 紙の表裏に書いたり, 食料品店で買い物をするときに自分のバッグを使ったり, 残った食べ物をレストランから家に持ち帰ったりできます。もうひとつの方法はゴミを再利用し始めることです。ゴミを分別することは, リサイクルのためにするべき最初のことです。カン, ビン, 紙, のようにゴミを分別すべきです。気をつけてこれをやらないと, 都会ではより多くのエネルギーと費用が必要となります。

　ゴミを減らしリサイクルを始めるために他に何をすべきでしょうか。学校や駅にはたいていリサイクル用のゴミ箱があります。ゴミをゴミ箱に捨てるときに気をつけてゴミを分別していますか? 最も難しいことはゴミのリサイクルについての私達の考え方をどうやって変えるかということです。

長文問題10

[解答]

(1) knew
(2) (a) famous (b) science
(3) (a) No / wasn't
    (b) A man who often came to the shop
(4) イ→ウ→ア→カ→オ→エ
(5) エ
(6) ウ

[解説]

ℓ.10　The people thought that he was going to show them something new, ...

thought that SV「SVだと思った」, be going to do:「doするつもりだ」
show AB:「AにBを見せる」。A:them　B:something new

ℓℓ.13-14　he had to start working at a bookshop when he was 13 years old.

had to do:have toの過去形。「doしなければならなかった」
start working:start doingは「doしはじめる」

なので「働き始める」。
when SV：「SVのとき」と時を表す接続詞。

ℓℓ.18-19 a man who often came to the shop gave him a ticket for a famous scientist's lecture because he (know) that Faraday was very interested in science.
who：主格の関係代名詞。shopまでが関係代名詞節でmanを飾っている。
give A B：「AにBを与える」。A：him　B：a ticket
because SV：「SVなので」と理由を表す接続詞。be interested in ～「～に興味がある」

(1) 過去の話をしているので，knowを過去形にする。
(2) (a)多くの人が知っている → famous。
　　(b)自然について多くのことを知ることになる → science。
(3) (a) 生まれたのは1791年。
　　(b) 第5段落の1行目を参照。
(4) 第4～5段落を参照。
(5) ア．は最後から2番目の英文でThe people enjoyed ... とあるので×。イ．はファラデーが本屋で働き始めたのは「貧しかった」ためなので×。ウ．はファラデーは実験をしていたので×。オ．はファラデーがしたかったことは「実験を始めた頃のわくわくするような気持を共有したい」からなので×。
(6) 本文で，ファラデーの人生と，最後のクリスマスレクチャーについて述べられている。

〔英文の全訳〕

　ロンドンでは毎年クリスマスになると，有名な科学者が若者に講演をします。これは，科学ショーの一種で，若者はそのショーを楽しみます。それは180年程前に始まったものでクリスマス講演と呼ばれています。

　あなたはマイケル・ファラデーについて知っていますか？ 彼は19世紀の有名な科学者の一人です。今日でさえ，私たちは彼の考えを私たちの生活（例えば，電気や発電機）に役立てています。彼はクリスマス講演を始めた人たちのうちの一人だったのです。

　1860年のある冬の日，たくさんの人たちがファラデーのクリスマス講演を聴きに行きました。それは彼の最後の講演だったのです。その時，彼は69歳ですでにとても有名になっていました。人々は何か新しいことを見せてくれるのだと思っていましたが，ファラデーはただろうそくを取り出し，「これはただのろうそくです。だが，これは，自然の秘密に関する多くのことを我々に明らかにしてくれるのです」と言ったのです。

　ファラデーは，1791年に生まれました。彼の家族は貧しかったので，彼は13歳の時本屋で働き始めなければなりませんでした。彼は幸運でした。なぜなら，その店の主人は親切で彼はそこで多くの本を読むことができたのです。彼は科学に興味を持つようになり，本に載っていたいくつかの実験を試みることさえありました。実験をする事は彼にとってわくわくするものでした。彼は科学者になりたかったのですが，どうすればなれるのかわかりませんでした。

　ある日，その店によく来ていた男の人が有名な科学者の講演の券を彼にあげました。ファラデーが科学にとても興味を持っていることを彼は知っていたからです。ファラデーはその講演を聴きに行き，話されたすべての言葉とすべての実験をノートに書き留めました。この後，彼はその講演についての本を作り，その科学者に手紙といっしょに送りました。その手紙の中で，彼は本当に科学を勉強したいのだということを書きました。その科学者は彼の手紙に返事を出し，そこには，「もし君が望むなら，私の助手として働いてみないか」と書かれていました。

　69歳になってもファラデーは実験を始めた頃に抱いていたわくわくするような気持ちを忘れないでいたのです。その講演で，彼はこのような気持ちをそこにいた若者と共有したかったのです。たくさんの興味深い実験をすることによって，彼はろうそくが何から作られていて，どのように，そしてなぜ燃えるのかを明らかにしたのです。彼は，ろうそくのような単純な物の中にある自然の秘密を学ぶことは楽しいものだと示したのです。人々は彼の講演を大いに楽しみました。

　クリスマスの講演は今日まで続いていて，ファラデーの精神は今も生き続けているのです。

第4章 英作文問題にチャレンジ

英作文問題1

解答例

（例1）I like spring [summer, fall, winter] the best.（5語）

（例2）Spring
　　　Because I can see many beautiful flowers like cherry blossoms and tulips, and the temparature is cooler than summer and hotter than winter.（23語）

Summer
　　　Because I can enjoy summer activities like swimming, surfing and so on, also I can have fun on vacation with friends and family.（23語）

Fall
　　　Because I can see many beautiful trees and the colors they show while taking a walk. I can relax and enjoy the change of the summer heat.（27語）

Winter
　　　Because I can enjoy winter activities like skiing, snowboarding and skating, also it is fun to go to a spa or hot spring.（23語）

解答へのアプローチ

（例1）I like ～ the best. で「私は～がいちばん好きだ」という意味になる。I like ～ better.「私は～の方が好きだ」といっしょに覚えておくといいだろう。

（例2）Whyで聞かれているので、Becauseから始める。

　　　英作文では**抽象的なことを述べたら、具体的な例をそれに添える**。

（Spring）
　抽象的：many beautiful flowers
　具体例：cherry blossoms and tulips

（Summer）
　抽象的：summer activities
　具体例：swimming, surfing

（Winter）
　抽象的：winter activities
　具体例：skiing, snowboarding and skating

英作文問題2

解答例

1. He is the tallest in my family.
2. He has been to Canada.
3. He has a car made in America [the US].
4. His hobby is watching baseball. [He likes to watch baseball (games).]

解答へのアプローチ

　4つのうち2つを選ぶので、どれか2つを選択する。メモになっているが、それぞれ「自分の兄（広太）」を主語として考えるといい。1は最上級（the tallest）、2は現在完了（have been to）、3は過去分詞の形容詞的用法（a car made in the U.S.）、4は動名詞（watching baseball）を使って答える。

英作文問題3

解答例

（例1）Why don't we have her a surprise birthday party? We can invite her friends and family.
　　　What do you think of it?（22語）

（例2）We can take her to Tokyo Disney Resort. I know that she loves Micky Mouse.
　　　Does this sound OK?（19語）

解答へのアプローチ

　前後の文脈を使い、（　　）には、Susanの誕生日のイベントを提案する内容が入る。その後に、"That sounds good."と答えられるように英文が続くようにする。そのため、2文目は、疑問文の形式で、自分の意見を相手に尋ねる。

（例1）Why don't you ～ ? で「～はどうだろうか」という意味。

(例2) take ~ to ... で「~を…に連れて行く」。

英作文問題4
解答例

(例1) The happiest thing in my school life was my homeroom class. We had a very funny and interesting teacher, and everybody in our class became close friends. We are still close even now. (33語)

(例2) The happiest thing in my school life was my third year school festival. My class did restaurant, we sold many things like *Yakisoba*, *Okonomiyaki* and drinks. Our restaurant was the most popular. (32語)

解答へのアプローチ

1でも見たように, 英作文では抽象的なことをいったら, 具体的な例をそれに添える。(例1)では, my homeroom classを具体的に次の文で説明し, 最後に今の気持ちを書いている。

(例2)ではmy third year school festivalを具体的に次の文で説明している。**抽象的→具体的**という流れを大切にしたい。

英作文問題5
解答例

I like A.
A has a large and beautiful tree, so there is enough space under the tree to relax and enjoy the nature around us.
I want to have a BBQ with friends.
We can eat stake or *Yakitori*, because we have a cool place under the tree.
After the BBQ, we can sleep or talk with friends.

I like B.
B has a large flat field.
I want to play soccer, volleyball or badminton with my friends.
It is OK to enjoy these sports because we can be as loud as we want.
After playing sports, we can have a picnic.

I like C.
C has a beautiful river with fish.
I want to go there with my family.
I want to fish with my father, because fishing is our favorite thing to do.
My mother and sister don't like fishing.
So they can swim in the river.

解答へのアプローチ

5文以上の英文と,「誰(だれ)と, 何をしたいのか, その理由」という3つの要素を入れることが要求されている。一見すると難しいが,〈C〉の例であるように, 平易な英文でも十分に対応することができる。

しかし, 日頃の練習の中で, 自分が言えない表現を学校の先生に確認して, 使えるようにしておくことが必要だろう。

B